Desde 1979 mi anhelo ha sido despertar
la consciencia de las personas para lograr un mundo más
feliz, sano y sostenible a través de la cocina saludable.

Teresa Carles

A mis hijos Jordi y Mar por haber aceptado el relevo y por su determinación en divulgar el legado. Ellos son el motor de mi vida.

A mi marido Ramón, por su clara visión del futuro y por su incondicional apoyo durante tantos años.

A mi hermana Montse, uno de los principales pilares que siempre me han servido de apoyo para afrontar con éxito esta aventura.

A mis padres, Josep y Maria, por haberme transmitido los valores de respeto y amor hacia la naturaleza.

Mi más profunda gratitud al increíble equipo que me ha apoyado en todo momento para que este libro fuera una realidad: Jordi Ventura y Aicha Diatta, pilares del Teresa Carles de Jovellanos; Mireia Cervera, como colaboradora del área de Nutrición de Teresa Carles Healthy Foods (TCHF) y mano derecha personal en este proyecto; Sergi Barulls, compañero de fatigas en el desarrollo de producto de TCHF; Adriana Gastélum, una joven talento en el mundo de la fotografía y de las redes sociales; Mónica Escudero, periodista, gastrónoma y elemento clave cohesionador y vertebrador de todos los textos de este proyecto; Nacho Alegre, fotógrafo, creativo y un profesional con una visión y un gusto exquisitos.

RECETAS Y PRINCIPIOS DE LA COCINA VEGETARIANA

Teresa Carles

TERESA CARLES

Cuando busco los inicios de mi vocación por la cocina vegetariana, mi mente vuela a Algerri, el pequeño pueblo de Lleida en el que me crie. Viniendo de familia de payeses, la base de nuestra alimentación fueron siempre las frutas y verduras de temporada que nos ofrecía la huerta. Los guisantes, las fresas y las habas anunciaban la llegada de la primavera en la cocina de mi madre; poco después aparecían las berenjenas, tomates, sandías, melones, judías verdes y melocotones de un verano del que nos despedíamos recogiendo nueces, uva, granadas y membrillo, y antes de que nos diéramos cuenta ya habían llegado las alcachofas y la col de invierno: así pasaban los años en Algerri. Como era normal en aquella época, teníamos algunas gallinas que daban huevos: la zona es de secano, así que el pescado que llegaba era el bacalao salado, alguna trucha y poco más. ¿Éramos vegetarianos? No, pero éramos una familia payesa de un pueblo de interior en los años 60, que se le parece bastante.

En realidad oí hablar por primera vez del vegetarianismo cuando tenía 18 años, y desde el primer momento supe que sería uno de esos descubrimientos que te cambian la vida. Documentarse no era fácil, ya que los pocos libros que había sobre el tema hablaban de nutrición y no de cocina: en aquel momento la tendencia era la macrobiótica, un vegetarianismo mucho más espiritual y estricto, en el que la parte gastronómica no era precisamente lo más importante. Eso de comer solo para alimentarse me parecía demasiado espartano y aburrido, no entendía por qué había que renunciar al sentido del gusto: si la comida sana además está buena, sienta todavía mejor.

Me di cuenta de que mi manera de entender el vegetarianismo era mucho más hedonista e inclusiva: simplemente, me planteaba una cocina vegetariana de la que pudiera disfrutar todo el mundo. Una salsa básica de fricandó lleva tomates, *moixernons*, cebolla y una cocción larga a fuego lento: todo eso es vegetariano, solo tenemos que ver por qué podemos sustituir la ternera. Tenemos seitán, tofu, berenjenas, tempeh. ¿Por qué no podemos disfrutar de esta salsa, que es lo que da sentido al plato?

Izquierda. Teresa de pequeña jugando a las cocinitas en Algerri.

13

Poco después conocí al que ahora es mi marido, Ramón, y dio la casualidad de que –por diferentes motivos–, ambos estábamos muy metidos en el movimiento vegetariano. Cuando nos casamos, pensamos: «¿Y si abrimos un restaurante?» La gente, cuando se lo contábamos, nos decía que si nos habíamos vuelto locos: estamos hablando de Lleida, una ciudad que a mediados de los años 70 no contaba con más de 100.000 habitantes. ¿Quién iba a salir de casa para comer verduras en un sitio donde las celebraciones siempre incluyen carne a la brasa y caracoles? Yo no tenía ningún tipo de conocimiento de cocina profesional, de hecho había estudiado peritaje mercantil y trabajaba en un despacho. Pero mi padre, después de preguntarnos muchísimas veces si estábamos seguros de lo que hacíamos, confió en nosotros y nos echó un cable inicial en términos económicos. Poco tiempo después, con los nervios y la ilusión de la primera vez –y el convencimiento de estar haciendo algo en lo que creíamos–, abrimos las puertas del Paradís.

Contra todo pronóstico, funcionó. Primero venían amigos, compañeros de los círculos vegetarianos y gente que quería cuidar su dieta. Pronto nuestros guisos, canelones y buñuelos se convirtieron en un buen reclamo, el boca a boca funcionó y empezó a venir gente a la que le habían dicho que en el Paradís no echarían de menos la carne: todos se iban encantados (y muchos volvían). El restaurante se convirtió rápidamente en nuestro segundo hogar, donde algunos clientes acabaron siendo buenos amigos –muchos todavía lo son–, y a veces acompañaban de vuelta a mis hijos, que venían cada mediodía porque preferían comer allí que en el colegio.

El primer año pedimos a un amigo que tenía experiencia en restaurantes macrobióticos que nos ayudara. Cuando eres autodidacta y joven, no hay nada como pasarse un montón de horas al día trabajando en la cocina para aprender rápido. Cuando él se fue decidí que me haría cargo de la cocina yo misma; no solo me sentía preparada, sino que además me apetecía muchísimo. Me motivaba mucho cocinar, cada día cambiaba la carta según lo que ofreciera el campo: una calabaza, una cesta de habas,

Arriba. Teresa y Ramón en la puerta del Paradís recién abierto.

Derecha. El desván de la casa de Algerri donde Teresa jugaba con sus amigas.

Teresa Carles

Teresa y su hijo Jordi en la cocina
del restaurante Paradís.

Teresa Carles

unos pimientos, ajos tiernos o setas que me hacían pensar en diferentes combinaciones y métodos de cocción. Muchos años después, a esto le llamaron «cocina de mercado»; para mí, en aquel momento, era simplemente mi manera de cocinar.

Las especias y las hierbas también jugaban un papel importante en este ejercicio de inspiración. Empecé usando hierbas mediterráneas, porque eran las que tenía más a mano: laurel, tomillo, romero, orégano, albahaca o salvia, y empezaron a llegar algunas especias de Asia y Oriente. Justo en ese momento también empezaron a aparecer algunos productos nuevos, como el tofu, la quinoa o las algas marinas. Si querías seitán, tenías que hacerlo tú mismo lavando harina para sacarle el gluten: lo de llamar a un proveedor y comprarlo, sin más, a veces todavía me parece un sueño. Cada vez que descubría algo nuevo, se me abría un mundo de posibilidades pensando qué podía hacer con aquello. En un momento en el que me inspiraba mucho en la cocina mediterránea y tradicional, el descubrimiento de que podía hacer platos de fiesta como la escudella catalana sin ningún ingrediente animal fue la bomba. La primera vez que hice una *pilota*, una *botifarra* negra o un *foie* veganos y pensé que alguien podría compartirlo con sus seres queridos en un día especial me sentí muy feliz.

Teresa, su hermana Montse y su cuñada Pocho, en la cocina del Paradís.

El Paradís creció, y nosotros con él. Empezaron a llegar diferentes tipos de curry, bayas de goji, té ahumado, tempeh o cilantro (es curioso: la primera vez que lo probé me echó para atrás, y ahora es un básico en mi cocina). Viajamos y nos enamoramos de la gastronomía asiática y su manera de cocinar las verduras, descubrimos nuevas técnicas como la deshidratación y nos sorprendimos de lo bien que se llevaban los buñuelos con el chutney indio. Nuestros hijos se fueron a estudiar fuera, pero no renunciaron a los platos del Paradís, que se llevaban cada fin de semana en tarteras, sin perdonar uno.

En el año 2002 escribí *La cuina del Paradís* (Pagès Editors, Lleida), un recetario en el que compartía los secretos de más de 100 de mis platos favoritos, entre ellos algunos que habían dejado huella en aquellos clientes y amigos. Desde entonces, muchos me habéis animado a repetir la experiencia, explicándome con mucho cariño cuántas veces el primer libro os sirvió de inspiración para preparar menús vegetarianos y saludables. Esa ilusión ha sido el motor que me ha llevado a escribir el que ahora tenéis en vuestras manos: espero que disfrutéis de sus recetas tanto como yo he disfrutado haciéndolo.

Teresa Carles

LA FAMILIA

Jordi Barri. De pequeño, a veces creía que había nacido literalmente en el Paradís: mis primeros recuerdos son allí mismo, jugando con los coches entre las mesas, con los clientes llamándome por mi nombre y haciéndome carantoñas. Éramos como una gran familia, todos nos conocíamos bien y todo el mundo tenía un perfil muy interesante: profesores universitarios, periodistas, jugadores de fútbol que querían rendir más comiendo más sano… era gente que me gustaba tener cerca, siempre me sentí muy privilegiado de vivir en este entorno.

Mar Barri. Respecto a la alimentación, nosotros tenemos un montón de cosas superasumidas porque nacimos vegetarianos, es algo que nos ha acompañado desde la infancia. Como dice Jordi, nos hemos medio criado en el restaurante –como casi todos los hijos de hosteleros– y he comido tofu y seitán desde que era una enana. Sí que te dabas cuenta, a veces, en el cole, de que había mucho desconocimiento: recuerdo un profesor de gimnasia que no entendía que pudiéramos estar bien alimentados sin comer carne, no le cabía en la cabeza. Pero para nosotros era lo más normal. Eso sí, nuestra manera de vivir el vegetarianismo siempre ha sido muy natural, nada dogmática ni cerrada.

Ramón Barri. Cuando los chicos eran pequeños y hablábamos del tipo de cocina que hacíamos, del negocio familiar y del vegetarianismo, siempre les decía: nosotros miramos hacia el futuro, el futuro será esto. Porque esto es respeto por el planeta, conexión con la naturaleza y la importancia de la que habla Mar del discurso del vegetarianismo no radical. Algo que sentíamos de corazón… y que también era necesario para que un restaurante vegetariano con 80 plazas como el que teníamos funcionara bien en una ciudad en la que igual había 25 vegetarianos.

Jordi Barri. La verdad es que siempre confié en ti a ciegas, pero cuando realmente pasó me quedé impresionado: no es fácil reconocer que tu padre es un visionario [risas]. El hecho de que la categoría –porque ya no la podemos llamar tendencia– de los restaurantes vegetarianos creciera justo cuando lo hizo y nos coja ahora con todo este trabajo

Izquierda. La padrina recogiendo té de roca y tomillo en los campos de Algerri.

hecho me hace sentir muy bien: es como si hubieras estado toda la vida preparándote para hacer surf y, cuando estás listo, llega tu gran ola.

Mar Barri. Ellos lo hicieron porque creían en ello, y porque querían vivir de ello: era una apuesta a largo plazo. Y ha funcionado: antes con los amigos y compañeros de clase había que hacer constantemente un ejercicio de pedagogía, pero las cosas han cambiado mucho en los últimos años, ahora eso pasa mucho menos. Ni siquiera es necesario puntualizar que vas a comer a un restaurante vegetariano: ahora el vegetarianismo está normalizado, antes era sinónimo de aburrimiento. Para eso la creatividad de Teresa también ha sido muy importante, porque si ya es capaz de hacer maravillas con los cuatro ingredientes más sencillos, imagina lo que puede hacer con todo lo que tiene ahora al alcance de su mano. Los 40 años de experiencia que tiene también la convierten en una cocinera muy resolutiva: a veces cuando el equipo de I + D propone algo, ella ya sabe si va a salir bien o no porque lleva toda la vida trabajando esos alimentos, y sabe cómo reaccionan.

Jordi Barri. Siempre pienso en la importancia que ha tenido en el devenir de la familia y el negocio de la restauración el hecho de que Algerri, a pesar de ser de secano, fuera una tierra rica donde crecían todo tipo de vegetales. Desde que en 1992 hicieron el canal, todavía más: ahora alrededor hay huertas de árboles frutales, unos campos de cereales enormes, frutas de verano, hoja verde en invierno, todo tipo de tomates. Estábamos en un entorno privilegiado donde había absolutamente de todo: si mi madre llega a nacer en un lugar donde solo hay plantadas miles de hectáreas de maíz, tal vez nada de esto hubiera pasado.

Ramón Barri. Pero esto no siempre fue así: Teresa se crio en una época muy dura para los payeses de secano, que algunas épocas tenían que trabajar de sol a sol, sin saber lo que eran unas vacaciones o un fin de semana y donde se estrenaba un vestido al año. El futuro de tu familia dependía directamente de la climatología: si un año no llovía, la cosa al siguiente iba a estar muy complicada.

Padrina. Teresa siempre fue una niña muy buena, pero bastante movida. La recuerdo de pequeña correteando sin parar con las amigas del pueblo y volviendo empapada de la fuente: daba igual las veces que le dijeras que no se mojara, siempre acababa mojándose. Durante muchos años la cuidó su abuela, porque era lo que tocaba: yo era su madre, pero trabajaba en el campo ayudando a mi marido, como hacían casi todas las mujeres jóvenes del pueblo, recogiendo almendras, aceitunas o lo que fuera. Era lo que tocaba, y así lo hacíamos: la crianza era cosa de las abuelas porque el campo pide muchas manos y solo con las de los hombres no llega.

Jordi Barri. Me dolió muchísimo perder tan pronto a nuestro abuelo: payés por convicción, juez de paz del pueblo, un hombre querido por todo el mundo. Cuando descubrimos el kale, que era originario de la Toscana pero tuvimos que ir a buscar a Estados Unidos, pensé muchísimo en él, y lo hago cada vez que empezamos a probar un cultivo nuevo que no encontramos aquí. Lo mismo con el ruibarbo o la *puntarelle*: si mi abuelo estuviera vivo, lo disfrutaríamos tanto…

Mar Barri. Esto de que las abuelas criaran a los nietos también era bastante habitual cuando éramos pequeños y los padres trabajaban todo el día. Especialmente ahora, que sé la energía y el tiempo que implica tener un restaurante, valoro muchísimo todo el tiempo que pasamos los cuatro juntos. Me temo que os debió de costar algunas horas de sueño.

Ramón Barri. Os tuvimos muy jóvenes, teníamos poco más de veinte años. Muy pronto, en cuanto tuvisteis cinco o seis años, empezamos a ir a todas partes juntos, éramos un equipo. En verano nos íbamos con la *roulotte* de camping; en invierno, terminábamos de dar cenas el sábado a las dos de la madrugada y el domingo a las seis nos levantábamos para ir a esquiar. Por la tarde, cuando volvíamos, los tres os quedabais dormidos en cuanto entrabais en el coche: si no fuera por los cafés que me tomaba en *Pont de Montanyana* hay días que no sé cómo hubiéramos llegado a casa. Pero valía la pena pasar sueño para estar ese tiempo juntos, eso no tiene precio.

Jordi Barri. Cuando me fui a la universidad y al viajar es cuando más cuenta me he dado –y más he echado de menos– todo lo bueno que teníamos en casa, y eso me ha dado todavía más ganas de apostar por ello.

Desde pasar tiempo con la familia hasta otras cosas que das por hechas solo porque las tienes al alcance de tu mano: no hay nada como irse a un viaje largo por Estados Unidos para darte cuenta de lo buena que puede estar la *cachipanda* (samfaina) lleidatana de tu abuela.

Mar Barri. Apostar por los alimentos de la tierra que tenemos cerca también nos sirve para poner un poco de sentido común en una parte del movimiento de comida saludable que a veces no se tiene en cuenta. Y es que, si nos comemos nosotros casi toda la quinoa y además hacemos subir el precio por culpa de la alta demanda, ¿qué van a comer en los Andes? Buscamos un equilibrio que nos asegure la sostenibilidad a todos, y eso

El padrí Josep, Jordi y Mar celebrando el dia de la Mona en el campo.

Una mañana de otoño por
los campos de olivos de Algerri.

La familia

pasa por comer, sobre todo, lo que crece cerca.

Ramón Barri. Os oigo y veo dos cosas que vuestra madre y yo os hemos sabido transmitir: ella, el valor del esfuerzo, las ganas de luchar por aquello en lo que crees para poder llegar donde quieras. Yo, por mi parte, intenté enseñaros que el mundo es muy grande, llevaros de viaje, ayudaros a tener perspectiva.

Jordi Barri. En casi todos los viajes que hemos hecho hemos aprendido muchísimo. Como personas y como hosteleros: en otros sitios del mundo van bastante por delante de España en temas de vegetarianismo, cuando íbamos de viaje he sido como una esponja, viendo, apuntando y aprendiendo cosas que, ahora que la sociedad está más preparada, poco a poco vamos aplicando aquí.

Ramón Barri. Creo que funcionamos muy bien como familia y como empresa porque nos complementamos a la perfección. Jordi, tú eres la persona más creativa que conozco: siempre estás pensando en nuevas posibilidades de negocio o buscando nuevas tendencias, no hay quien te pare. Mar, eres perfeccionista, trabajadora y responsable hasta el límite. Y vuestra madre… es la que le da sentido y nombre a todo: Teresa Carles.

Jordi leyendo un cuento a
su hermana Mar, recién nacida.

La familia

Teresa Carles
EL RESTAURANTE

Recuerdo perfectamente la primera vez que entré en lo que hoy es el restaurante Teresa Carles. Corría el año 2010, y aunque en Barcelona empezaba a despuntar tímidamente el vegetarianismo como tendencia, todavía estaba lejos de ser la que en 2016 se declaró como la primera ciudad *veg-friendly* del mundo, comprometida con el fomento y la difusión del tipo de alimentación que llevábamos defendiendo desde hacía más de tres décadas. De hecho el local que encontramos, en la calle Jovellanos, ya había acogido dos restaurantes vegetarianos antes que nosotros, por lo que el reto resultaba todavía superior. Pero eso no hizo que nos echáramos atrás ni tuviéramos miedo al fracaso: después de investigar el mercado a fondo, mi hijo Jordi se dio cuenta de que en la oferta local faltaba un restaurante que se centrara más en el disfrute gastronómico, en la celebración de la mesa y en ofrecer una buena comida de origen vegetal a precios razonables. Y nosotros estábamos decididos a ofrecérselo, llevando a la capital la filosofía del Paradís.

Cuando, después de mucho tiempo dedicándote a cocinar, acabas por ponerle tu nombre a un restaurante, sabes que estás montando mucho más que un negocio. Abrimos las puertas en marzo de 2011, con la idea de ofrecer un menú dinámico, que cambiara a menudo y permitiera a los comensales venir cuantas veces quisieran, sin aburrirse, y a nosotros adaptarnos rápidamente a los cambios de temporada. También debía tener una carta más fija, para transmitir seguridad a los que se resisten a abandonar su plato favorito (y porque las croquetas no son negociables).

Cada carta iba encabezada con un mensaje a los clientes, en el que contaba en qué me había inspirado para crear las recetas de esa temporada, novedades relacionadas con la alimentación saludable, la inspiración y los nuevos sabores que había traído de diferentes viajes o que había aprendido en mis últimas formaciones. Teníamos muy claro que, aunque hubiéramos pasado de una ciudad pequeña a otra mucho más grande, no queríamos perder el espíritu de cercanía y familiari-

Izquierda. Ramón y Mar en una de las salas del restaurante Teresa Carles en Barcelona.

33

dad que habíamos conseguido crear en Lleida, que se había convertido en marca de la casa igual que los canelones con mousse de pimiento y berenjena asados.

Desde esas líneas, redactadas siempre con todo el cariño –a veces también con cierto cansancio, después de largas sesiones de pruebas en la cocina– anunciamos en 2014 la inauguración de nuestro proyecto flexiteriano saludable Flax and Kale. También celebramos que Teresa Carles llenaba mediodía y noche, con clientes dispuestos a esperar el tiempo que fuera necesario sin perder la sonrisa en los labios y un brillo inequívoco de ilusión en los ojos cuando llegaba el momento de sentarse a la mesa. Al principio venían bastantes más mujeres, pero terminaron trayendo consigo al resto de la familia, como hicimos Ramón y yo con la nuestra. Siempre pienso en la suerte que tengo pudiendo compartir la vida entera con ellos, algo que no le pasa a mucha gente y de lo que me siento muy orgullosa.

El 6 de enero de 2016 tuve uno de los mayores puntos de inflexión en mi trayectoria profesional: abrimos las puertas del restaurante Teresa Carles de Lleida, casi a la vez que se cerraban para siempre las del Paradís. Esto la convertía en una apertura con unas connotaciones únicas e irrepetibles: decíamos adiós al primer proyecto familiar –después de 36 años ininterrumpidos de funcionamiento– y mi cabeza bullía, llena de recuerdos. Historias que iban desde los primeros momentos de ilusión e inexperiencia hasta los de consolidación del negocio, pasando por mi compromiso de dedicación a la cocina sana, las caras de los amigos y compañeros de trabajo que habían pasado por allí o la imagen de nuestros hijos cuando eran pequeños, jugando y correteando entre las mesas.

Teresa y Ramón junto al equipo del Paradís, del que formaban parte tanto la hermana de ella como la de él (a la izquierda de Ramón).

En esos momentos no podía dejar de pensar en las palabras que me dedicó mi marido Ramón, cuando con poco más de veinte años nos planteábamos la apertura del Paradís: «Sin paz interior, la paz exterior es totalmente imposible; quiero encontrar mi paz interior, y que tú encuentres la tuya. La forma que tenemos de aportar nuestro pequeño grano de arena en este mundo es a través de nuestra cocina vegetariana.» Con el paso del tiempo me he dado cuenta de la gran verdad que había tras esas palabras, y de cómo las personas que seguimos una dieta basada en ingredientes de origen vegetal estamos más en paz con nosotros mismos, con el territorio en el que vivimos y con el resto de seres vivos con los que compartimos este maravilloso planeta.

Teresa Carles, el restaurante

Sentimientos de nostalgia que, a la vez que me transportaban a un pasado feliz, me ayudaban a afrontar con ilusión un futuro que ya estaba aquí. Abrir el segundo Teresa Carles en Lleida me hizo sentir muy feliz, honrada y también, en cierta manera, responsable. Después de habernos dedicado durante cinco años al restaurante de Barcelona, esta era la manera de devolverle a mi tierra todo lo que ella nos había aportado durante todos estos años. Porque sin la tierra y los frutos que nos da, nuestra cocina no tendría sentido: por eso siempre intentamos trabajar directamente con pequeños productores, sin intermediarios, para poder pagarles el mejor precio y favorecer la economía local. Nuestro trato con ellos es directo: ver cómo llegan al restaurante o a la cocina central esa kale, pimientos, tomates, manzanas o alcachofas cosechados apenas unas horas antes es un placer para la vista y el olfato que anticipa el de los platos que acabaremos preparando con ellos.

Las hierbas del campo que usamos en nuestros platos, si tengo tiempo y puedo, me gusta ir a recogerlas yo misma. Sobre todo las silvestres que crecen cerca de Algerri: el laurel, la hierba luisa, el té de roca, tomillo o romero. También cogemos moras y tenemos algunas higueras plantadas: además de por sostenibilidad, lo hago porque me encanta. Nada me hace más feliz que llegar al pueblo, coger a mi madre y subir a los campos, a la sierra, disfrutar de la brisa y del olor mientras recolectamos y hablamos de nuestras cosas: me recarga las pilas totalmente.

Echando la vista atrás, parece que la apertura de Teresa Carles coincidió con un nuevo auge de la alimentación equilibrada, de la vuelta a los orígenes, de lo natural. Creo que después de una temporada un poco perdidos a nivel alimentario como sociedad, la gente se ha dado cuenta de lo importante que es la dieta para mantener tu cuerpo: la opción saludable está ganando terreno a la de dejarse llevar y comer ultraprocesados. Desde 2011 hemos inaugurado Flax & Kale Tallers, Teresa's Stairway

La mesa compartida en la sala 3 del Teresa Carles Barcelona.

Argentería, Teresa Carles Lleida, Flax & Kale à Porter y Flax & Kale Passage, y la tienda online de Teresa´s Juicery, todos con los mismos nervios y la misma ilusión que la primera vez –¿a partir de cuántas aperturas desaparece esa sensación?–, y tenemos un nuevo centro productivo en plena construcción en Bell-lloc d'Urgell (Lleida). De paso, voy soltando algo de rienda en Mar y Jordi, a ver si poco a poco me dejan pasar más tiempo en el campo, recogiendo hierbas del brazo de mi madre para ponerle más sazón a esta revolución que ya es imparable.

Teresa con Aicha y Jordi, los encargados de cocina de Teresa Carles Barcelona.

Teresa Carles, el restaurante

LOS PRINCIPIOS DE NUESTRA COCINA VEGETARIANA

1. USAMOS INGREDIENTES LOCALES, ESTACIONALES Y SOSTENIBLES

Priorizar el consumo de productos de temporada aporta muchos beneficios, entre ellos los nutricionales: al recogerse en su punto justo y respetando su ciclo natural, nos ofrecen el mejor aporte y mantienen intactas todas sus propiedades. Pero no solo nuestra salud se beneficia de este respeto por la temporalidad: cuanto menos tiempo pasa entre la recolección de las frutas y verduras y su llegada a nuestro plato, mejor sabor tienen.

Esto implica prolongar al máximo la maduración del alimento en la planta, y no solo evita su paso por cámaras de refrigeración, sino también su transporte durante largas distancias. Ambas cosas mejoran la trazabilidad de los alimentos, ya que se reduce el gasto energético y la contaminación (emisión de gases, material para embalajes o almacenes, entre otras cosas).

Producir y consumir verduras y frutas de temporada contribuye también a respetar el entorno social: cuando compramos directamente en la zona de producción, beneficiamos el comercio local e indirectamente fomentamos la actividad del pequeño agricultor.

2. LOS VEGETALES SON LOS PROTAGONISTAS DE NUESTROS PLATOS

Entendemos por vegetales todo lo que crece en la tierra, en los árboles y en el mar (en el caso de las algas). Si te parece un principio aburrido, piensa que en esta ecuación entran desde las fresitas silvestres hasta las alcachofas, las hojas de lima kafir, los melocotones, las habas, el tomillo, el yogur de almendra o la leche de coco, pasando por todas y cada una de las especias del mundo. Un festival de sabor y color que hace que los vegetales pasen de ser un acompañamiento a tomar el protagonismo en los platos, y sienta bien tanto al cuerpo como al paladar.

3. UTILIZAMOS ALIMENTOS NATURALES E INTEGRALES, NO REFINADOS

Los alimentos como semillas, frutos secos, frutas, verduras y granos, pan, pasta y cereales integrales son una magnífica fuente de energía para el organismo. Aportan gran cantidad de nutrientes e hidratos de carbono de combustión lenta, mucho más saciantes y beneficiosos para nuestro organismo que cualquiera de sus versiones refinadas.

Además, a las versiones «blancas» que se utilizan para preparar alimentos industriales se les suelen añadir mejoradores que optimizan su duración y rentabilidad, pero afectan tanto al sabor como a la manera en la que los digerimos. La alimentación sana ha venido para quedarse, en parte como reacción contraria a los productos altos en grasas, azúcares y almidones con los que nos bombardea la industria de los ultraprocesados.

4. APOSTAMOS POR LA DIETA MEDITERRÁNEA

La base de nuestra cocina está muy cerca de la conocida «dieta Mediterránea», que incluye comidas variadas basadas en pilares de origen vegetal comunes a toda la zona del Mediterráneo. Algunos de sus protagonistas son el olivo, el trigo, la vid, las hortalizas y verduras, las legumbres, los frutos secos y las especias y plantas aromáticas. Este legado, declarado patrimonio inmaterial de la humanidad por la UNESCO, es un tesoro que queremos conservar y mejorar, adaptándolo a las necesidades y conocimientos contemporáneos.

5. Y POR LAS INFLUENCIAS GLOBALES

En nuestros viajes por todo el mundo hemos conectado con la cocina de otros países donde los vegetales también tienen mucha presencia, ya sea por motivos religiosos o culturales. De todos ellos hemos traído nuevas preparaciones, especias o aderezos que han pasado a formar parte de nuestra carta. Desde los más conocidos como el risotto italiano o el cuscús de Oriente hasta algunos más remotos, como el kimchi coreano o las dosas indias: si suma y puede prepararse con ingredientes locales, es bienvenido.

6. NUESTRA COCINA ES ARTESANA

Puede parecer una obviedad, pero en un momento en el que en la restauración se tiende a abusar de platos elaborados de quinta gama, no lo es. Todo lo que servimos en Teresa Carles se prepara en nuestra cocina o en nuestro obrador, de manera artesana y natural. Apostamos por una cocina siempre fresca, integral, sin aditivos y muy sabrosa gracias a la rica variedad de ingredientes de temporada con los que contamos.

7. EVOLUCIONAMOS HACIA UNA ALIMENTACIÓN MÁS CONSCIENTE

Vivimos un momento en el que hay más explotaciones avícolas y vacunas que nunca y en las que, además, los animales no suelen estar en las mejores condiciones. Una situación que invita a ajustar el consumo de lácteos, huevos y otros alimentos de origen animal, y a asegurarnos –si consumimos alguno– de que provienen de granjas de trato ético. La comida vegetariana también tiene una ventaja ecológica: la proteína animal es mucho más costosa de producir que la proteína vegetal.

8. COMEMOS BIEN PARA VIVIR MEJOR

Son muchos los estudios que indican que entre los vegetarianos se dan menos casos de enfermedades relacionadas con la alimentación como obesidad, hipertensión, arteriosclerosis y diabetes de tipo 2. La dieta vegetariana suele implicar el consumo de menos grasas saturadas, menos proteínas, menos colesterol, menos azúcares, más hidratos de carbono complejos, más antioxidantes y más fibra, presentando un perfil próximo al recomendado por los expertos en nutrición. Serás más feliz, y es posible que también acabes viviendo más, aunque el componente genético y los factores externos también acabarán formando parte de la ecuación.

9. CUIDAMOS LOS EMPLATADOS

La expresión «comer con los ojos» va mucho más allá de una frase hecha. Está demostrado que un plato adecuadamente presentado es más atractivo para los sentidos, y por lo tanto más gustoso. Además, con la cantidad de colores, texturas, formatos –desde la semilla o legumbre tal cual o tostada hasta su versión germinada–, aromas y belleza en general que ofrece el reino vegetal, ¿cómo podríamos no hacerlo?

10. NO CONTAMOS CALORÍAS, SINO NUTRIENTES

La ciencia ha dejado claro que contar calorías –un ejercicio no siempre fácil y muchas veces frustrante– no funciona, y nos invita a pensar y comer en positivo, evitando ultraprocesados con reclamos como *light* o «0 calorías». La clave está en alimentarse con ingredientes nutritivos como fruta fresca o seca, hortalizas, semillas, cereales integrales y otros que contengan vitaminas, minerales, hidratos de combustión lenta y proteínas y glúcidos de calidad. ¡No cuentes calorías, haz que las calorías cuenten!

PRIMAVERA

TARTAR DE TOFU, ZUMO
DE REMOLACHA, AGUACATE

Para 4 personas

Esta es una de las recetas que más veces me han pedido desde que empecé a prepararla en el restaurante Teresa Carles de Barcelona: ha llegado la hora de compartirla con todos vosotros. ¡Espero que la disfrutéis!

PARA LA SALSA
Mezclar los ingredientes en un bol hasta lograr una salsa emulsionada.

PARA EL TARTAR
Rallar el tofu con un rallador grueso. Luego, picar muy finos los pepinillos, las alcaparras, el ajo y la cebolla tierna. Mezclar con cuidado con el tofu, la salsa y el zumo de remolacha.

Pelar el aguacate, partirlo por la mitad y retirar la semilla. Cortarlo en daditos y aliñar con un poco de zumo de limón para que no se ennegrezca.

MONTAJE
Emplatar con la ayuda de un aro, poniendo la rúcula como base, después el aguacate y al final el tartar de tofu. Prensar, desmoldar y decorar con unas semillas de sésamo negro. Servir con tostaditas.

PARA EL TARTAR
200 g de tofu duro
2 cucharadas de zumo
    de remolacha
60 g de pepinillos
Una cucharadita
    de alcaparras
Una cebolla tierna
½ diente de ajo

PARA LA SALSA
110 g de tofunesa
    (ver *Recetas básicas*)
Una cucharada de mostaza
Una cucharada de salsa de soja
Una cucharadita de zumo
    de limón
Una cucharadita de vinagre
    de manzana
Un toque de tabasco
Sal
Pimienta
20 ml de aceite de oliva

PARA DECORAR
2 aguacates
Rúcula
Sésamo negro
Tostaditas para acompañar

Primavera

QUINOA ROJA, QUINOA NEGRA,
FRESAS, CEREZAS, VINAGRETA DE MISO

Para 4 personas

Si solo usas las frutas de primavera para postres, te estás perdiendo grandes posibilidades: pruébalas en platos salados como esta ensalada o como *topping* para sopas frías.

PARA LA ENSALADA
Lavar bien la quinoa en un colador fino, hasta que deje de sacar espuma. Hervir con agua y sal unos 15 minutos; escurrir, enfriar y reservar.

Cortar las fresas a trozos pequeños y los tomates en mitades. Partir las cerezas por la mitad y deshuesarlas. Lavar y cortar a daditos los pimientos, el pepino y la cebolla pelados.

PARA EL ALIÑO
Mezclar bien con varillas, tenedor o en un bote de cristal cerrado todos los ingredientes hasta conseguir una salsa emulsionada.

MONTAJE
Mezclar la quinoa con las fresas, las cerezas, los tomates, el pepino, la cebolleta, los pimientos y el mézclum. Aliñar con la vinagreta.

150 g de quinoa roja
150 g de quinoa negra
150 g de fresas
150 g de cerezas
12 tomates cherry
Un pepino
Una cebolla tierna
½ pimiento rojo
Un pimiento verde italiano
Mézclum de lechugas

PARA EL ALIÑO
20 g de miso blanco o shiro miso
70 ml de vinagre de arroz
80 ml de salsa de soja
50 g de jengibre fresco rallado
70 g de aceite de sésamo
70 g de aceite de girasol
30 g de azúcar integral de caña
Una cucharadita
    de sésamo negro
Una cucharadita
    de sésamo blanco

PATATA, BONIATO, HUEVO DURO, GUISANTES, PESTO

Para 4 personas

¿De cuántas maneras diferentes se puede preparar el boniato? En esta receta lo tomaremos frío y en ensalada. Su sabor ligeramente dulce combina muy bien con el resto de ingredientes, la frescura de la salsa pesto y los guisantes.

PARA LOS BONIATOS
Pelar los boniatos y cortarlos en dados. Hornear unos 20 minutos a 180 °C con el aceite de oliva, los ajos picados, la sal y la pimienta. Dejar templar.

PARA LA ENSALADA
Lavar bien las patatas y hervirlas con piel hasta que estén tiernas. Dejarlas enfriar, pelarlas, cortar en trozos grandes y reservar.
Escaldar los guisantes en agua hirviendo un par de minutos. Refrescar en agua helada, escurrir y reservar.

MONTAJE
Poner las patatas, los boniatos y los guisantes sobre el mezclum y decorar con los tomates cortados, el apio en rodajas finas, los huevos duros rallados y las aceitunas. Aliñar con el pesto y servir.

PARA LOS BONIATOS
2 boniatos pequeños
2 dientes de ajo
Aceite de oliva
Sal
Pimienta

PARA LA ENSALADA
4 patatas pequeñas
150 g de guisantes
250 g de tomates maduros
Una rama de apio tierna
4 huevos duros
200 g de mézclum de hojas verdes
200 g de pesto de albahaca
    y perejil (ver *Recetas básicas*)
50 g de aceitunas Kalamata
Sal
Pimienta

SOPA *ALLERGY KILLER*

Para 4 personas

Uno de los ingredientes más fascinantes que he descubierto últimamente es el astragalus, un elemento indispensable en las sopas chinas. Es muy rico en minerales y flavonoides, que estimulan las defensas naturales del organismo, algo especialmente interesante en época de alergias.

PREPARACIÓN

En una olla con aceite de oliva saltear la cebolla, el puerro y el apio cortados en juliana junto con el diente de ajo picado.

Añadir las judías verdes, las setas, las zanahorias también en juliana y los dos trozos de astragalus. Cubrir con el caldo vegetal y una cucharada de salsa de soja. Hervir unos 20 minutos.

Al final, agregar el brócoli y el jengibre picado. Dejar cocer 2 minutos, apagar el fuego y añadir el miso blanco. Servir con cebolla china o tallo de cebolleta en rodajitas.

Una cebolla
½ puerro
Una tira de apio
Un diente de ajo
3 cucharadas de aceite de oliva
60 g de judías verdes
60 g de setas shiitake
Una zanahoria
Un par de láminas de astragalus
1½ l de caldo vegetal
   (ver *Recetas básicas*) o agua
   con cubitos de concentrado eco
Una cucharada de salsa de soja
60 g de brócoli en arbolitos
20 g de jengibre picado
50 g de pasta de miso blanco
Cebolla china o tallo de cebolleta

CALDETOX DE VERDURAS VARIADAS, QUINOA, AGUACATE

Para 4 personas

Este plato es el vivo recuerdo de un viaje que hice con mi hija Mar a Perú. Estábamos en la isla de Amantaní, donde hacía mucho frío, y nuestros anfitriones nos hicieron una sopa de quinoa que nos devolvió la vida.

PREPARACIÓN

Lavar bien la quinoa en un colador hasta que deje de salir espuma y reservar.

Picar la cebolla y dorarla en una sartén con el aceite de oliva. Añadir el puerro, las zanahorias, el apio y la col picados y rehogar unos minutos más. Cuando estén dorados, añadir el caldo, las especias y la sal.

Hervir unos 30 minutos y a media cocción añadir la quinoa y la calabaza cortada a dados.

Aderezar con el aguacate en daditos y cilantro fresco picado al gusto. Rectificar de sal y servir bien caliente.

PARA LA SOPA
50 g de quinoa
½ cebolla
½ puerro
150 g de zanahorias
Una rama de apio
150 g de calabaza
100 g de col verde
1 l de caldo vegetal
   (ver *Recetas básicas*)
   o agua con pastilla
   de concentrado bio
3 cucharadas de aceite de oliva
2 pizcas de tomillo
Unas hebras de azafrán
Sal

PARA LA GUARNICIÓN
Un aguacate
Cilantro fresco

CREMA DE CALÇOTS, TOSTADA DE ROMESCO

Para 4 personas

Nunca se me ocurriría romper el matrimonio entre calçots y romesco, pero siempre es divertido variar ligeramente el formato. Además es una buena prueba de que los calçots no solo pueden tomarse hechos a la brasa: también están riquísimos en sopas, pizzas o tempura.

PREPARACIÓN

Lavar y pelar los calçots, la cebolla y las patatas. En una olla con aceite de oliva pochar la cebolla troceada. Seguidamente, añadir los calçots cortados a rodajas y continuar pochando para que se dore todo junto.

Añadir las patatas a dados, el caldo de verduras o el agua con cubitos y la sal y hervir unos 30 minutos. Pasarlo todo por la batidora hasta conseguir una crema fina y rectificar de sal si es necesario. Para evitar que queden hebras y tropezones en la crema, pasar por un colador.

Servir la crema con el cebollino picado y un cordón de aceite de oliva. Acompañar con unas tostaditas de pan untadas con la salsa romesco.

PARA LA CREMA DE CALÇOTS
½ cebolla
8-10 calçots
   (dependiendo del tamaño)
2 cucharadas de aceite de oliva
400 g de patatas
1½ l de caldo vegetal
   (ver *Recetas básicas*) o agua
   con cubitos de caldo vegetal bio
Sal

PARA LA GUARNICIÓN
Tostaditas
Salsa romesco
   (ver *Recetas básicas*)
Cebollino picado

SOUFFLÉ VEGANO DE GUISANTES, TRUFA NEGRA, MENTA

Para 4 personas

Los *soufflés*, un plato típico de la cocina francesa, se elaboran con yemas de huevo y claras a punto de nieve. Para esta creación, los hemos sustituido por proteína de patata, para lograr una versión vegana de este clásico. La inspiración de la receta son los guisantes, cuyo esplendor primaveral dota al plato de un intenso color verde y un sabor muy especial. Redondeamos la receta con trufa negra y con un toque de menta.

PREPARACIÓN

Escaldar los guisantes en agua hirviendo 2 minutos y enfriar con agua y hielo. En una batidora, mezclar los yogures, los guisantes fríos y colados, el aceite de oliva, la bebida de soja, la levadura impulsor, la ralladura de ½ limón, las hojas de menta y la sal. Añadir al final la harina de trigo, la de trigo sarraceno y la levadura nutricional y mezclar con las varillas de la batidora.

Montar la proteína de patata disuelta en el agua con varillas de batidora hasta que quede una textura de merengue. Mezclar con el resto de los ingredientes utilizando una espátula, con movimientos envolventes para evitar que baje la masa. Encamisar la *cocotte* con margarina. Añadir la mezcla y cocer en el horno precalentado a 180 °C 20-25 minutos. Servir con trufa rallada por encima.

PARA EL *SOUFFLÉ*
  100 g de yogur de soja
  150 g de guisantes
  40 g de harina de trigo
  40 g de harina de trigo sarraceno
  80 g de aceite oliva
  60 g de bebida de soja
  6 g de levadura impulsor
  La ralladura de ½ limón
  4 hojas de menta
  5 g de levadura nutricional
  3 g de sal
  50 g de agua
  4 g de proteína de patata
  Margarina
  Trufa rallada

ESTOFADO DE ALCACHOFAS, GUISANTES, ESPÁRRAGOS VERDES, AJOS TIERNOS, *TRUITA AMB TRAMPA*

Para 4 personas

Un homenaje a mi abuela Marieta, que preparaba por Semana Santa una cazuela muy parecida a esta. Hemos prescindido del bacalao, pero su espíritu –y su tortilla «con trampa»– siguen estando muy presentes.

PARA EL ESTOFADO
Saltear unos minutos la cebolla y los ajos tiernos troceados. Añadir las alcachofas peladas y troceadas a cuartos y los espárragos cortados.

Sofreír durante 5 minutos, añadir los guisantes, remover, rociar con el vino blanco y dejar que se evapore.

Verter el caldo vegetal o agua hasta cubrir los ingredientes de la cazuela. Añadir la menta, el laurel, la sal y la pimienta y cocer unos 10 o 15 minutos, o hasta que esté listo.

PARA LA TORTILLA
Batir los huevos con la picada de ajo y perejil, la maicena y una pizca de sal. Preparar como una tortilla a la francesa.

MONTAJE
Cortar las setas de cardo, aliñar con sal y pimienta y hacer a la plancha. Servir el estofado con la tortilla y las setas encima.

PARA EL ESTOFADO
400 g de guisantes
4 alcachofas
Una cebolleta
4 ajos tiernos
4 espárragos verdes
2 ramitas de menta
2 hojas de laurel
50 ml de vino blanco
3 cucharadas de aceite de oliva
500 ml de caldo vegetal
    (ver *Recetas básicas*)
    o agua con un cubito de
    concentrado eco
2 setas de cardo
Sal
Pimienta

PARA LA TORTILLA
3 huevos
2 dientes de ajo
2 ramitas de perejil
Sal
Una cucharada de maicena
    (unos 20 g)

PASTEL DE PATATA CON BOLOÑESA
DE SOJA Y BECHAMEL SIN LÁCTEOS

Para 8 personas

Esta es mi versión vegetariana del clásico pastel de patata gratinado. Recomiendo preparar por lo menos el doble de salsa boloñesa: cuesta el mismo esfuerzo y puede solucionarte una comida si le añades, por ejemplo, unos espaguetis integrales.

PARA LAS PATATAS

Pelar, lavar y cortar las patatas en rodajas finas. Colocarlas en una bandeja de horno, mezclar con la cebolla cortada en juliana fina, regar con aceite de oliva, salpimentar y aderezar con tomillo.

Hornear unos 30 minutos a 180 °C, o hasta que estén cocidas.

MONTAJE

Cubrir la superficie de una fuente o recipiente hondo apto para el horno con unas cucharadas de la bechamel. Añadir una tercera parte de las patatas panadera hasta cubrir la fuente.

Poner encima la mitad de la boloñesa y cubrir con otra tercera parte de patatas.

Hacer otra capa de boloñesa y patata, cubrir el pastel con el resto de la bechamel y espolvorear con el parmesano de frutos secos. Hornear a 200 °C –si se puede, con calor arriba y abajo– hasta que la superficie esté dorada y apetitosa.

PARA LAS PATATAS
½ cebolla
Aceite de oliva
2 kg de patatas Monalisa
Sal
Pimienta
Tomillo

ADEMÁS
Boloñesa de soja
    (ver *Recetas básicas*,
    usarla toda)
Bechamel sin lácteos
    (ver *Recetas básicas*,
    usarla toda)
2 cucharadas de parmesano
    de frutos secos
    (ver *Recetas básicas*)

SALMÓN TOFU, ARROZ NEGRO, VIEIRA DE SETA DE CARDO, EDAMAME, BOK CHOY, SALSA YAKINIKU

Para 4 personas

Un trampantojo muy divertido que usa la remolacha como tinte y una combinación de salsa de soja y especias para dar sabor. Haz un poco más de salsa yakiniku, guárdala en la nevera y servirá para alegrar un salteado de verduras y fideos.

PARA LA SALSA YAKINIKU
En una sartén con un poco de aceite de sésamo dorar el ajo picado. Agregar el resto de los ingredientes, excepto el sésamo, y dar un hervor. Parar el fuego, enfriar y colar. Agregar el sésamo y reservar.

PARA EL *SALMÓN TOFU*
Pelar la remolacha y licuarla. Cortar el tofu a láminas y disponerlo en un bol junto al jugo de remolacha, el aceite de girasol, la salsa de soja, el zumo de limón, la pizca de sal, el pimentón, el polvo de alga nori y una pizca de ajo en polvo. Mezclarlo todo, tapar con film transparente y reservar en la nevera durante al menos un par de horas (puede ser de un día para otro).

Sacar el tofu de la nevera, separarlo de la salsa del marinado y pasarlo por la plancha con un poco de aceite de oliva durante 2 o 3 minutos por cada lado.

PARA EL ARROZ NEGRO
Lavar y hervir durante 40-50 minutos a fuego fuerte hasta que hierva y después a fuego más suave. Escurrir.

Saltear la cebolla picada en una sartén con aceite de oliva. Añadir las setas troceadas, el coco joven y la salsa de soja. Incorporar el arroz negro y saltear un par de minutos más.

MONTAJE
Escaldar los edamame y el bok choy 3 minutos, refrescar y escurrir. Cortar las setas en forma de vieira y hacerlas a la plancha con aceite de oliva.

Poner todos los ingredientes en un bol, aliñar con la salsa yakiniku y decorar con sésamo y alga nori en tiras.

PARA EL *SALMÓN TOFU*
400 g de tofu duro
100 g de remolacha
20 ml de aceite de oliva
30 ml de salsa de soja
20 ml de zumo de limón
Una pizca de sal
Una pizca de pimentón
6 g de polvo de alga nori
Una pizca de ajo en polvo

PARA EL ARROZ NEGRO
250 g de arroz negro
    tailandés (hervir 40-45')
½ cebolla
100 g de shiitake
30 ml de aceite de oliva
20 g de coco joven
20 ml de salsa de soja

PARA LA SALSA YAKINIKU
Un diente de ajo
30 ml de mirin
50 ml de salsa de soja
Una cucharadita
    de aceite de sésamo
Una cucharadita
    de sésamo tostado

ADEMÁS
150 g de edamame
2 bok choy
100 g de setas de cardo

PARA DECORAR
Sésamo
Alga nori deshidratada

HAMBURGUESA DE SOJA Y VERDURAS, SALSA DE MANGO, BONIATOS ASADOS

Para 4 personas

La soja texturizada acompañada de verduras es una buena base para una hamburguesa vegetariana, y además asegura un aporte interesante de proteínas. Prueba la vinagreta de mango en una ensalada de pepino o kale, el resultado te sorprenderá.

PARA LAS HAMBURGUESAS
Picar la cebolla, los puerros, la zanahoria y el calabacín. Saltear primero la cebolla y el puerro con el aceite de oliva, cuando estén transparentes añadir la zanahoria y el calabacín, salpimentar.

Llevar a ebullición el caldo vegetal. Parar el fuego, añadir la soja texturizada y esperar unos minutos a que se hidrate. Mezclar con las verduras salteadas, añadir un pellizco de orégano y el pan rallado. Moldear las hamburguesas y rebozarlas con el resto de pan rallado.

PARA LA SALSA DE MANGO
Triturar con una batidora o robot de cocina medio mango junto al zumo de limón, un pellizco de sal y otro de pimienta y montar con aceite de oliva hasta que emulsione. Con la otra mitad de mango y la cebolla tierna preparar un picadillo y mezclarlo con la vinagreta.

PARA LOS BONIATOS
Pelar y trocear los boniatos en bastoncitos de un dedo. Aliñar con el Garam Masala y cocer en el horno a 180 °C unos 20 minutos.

MONTAJE
Hacer las hamburguesas a la plancha o en una sartén. Abrir el pan y colocar un poco de salsa de mango en la base, la hamburguesa, tomate a rodajas, pepinillo y rúcula. Acompañar con los boniatos asados y el resto de salsa de mango.

PARA LAS HAMBURGUESAS
½ cebolla
½ puerro (la parte blanca)
Una zanahoria
Un calabacín
Aceite de oliva virgen
Sal
Pimienta
80 g de soja texturizada
300 ml de caldo vegetal
   (ver *Recetas básicas*)
Una pizca de orégano
80 g de pan rallado (y un poco
   más para rebozar)

PARA LA SALSA DE MANGO
Un mango
30 ml de zumo de limón
100 ml de aceite de oliva
Una cebolla tierna
Sal
Pimienta

PARA LOS BONIATOS
2 boniatos
2 cucharadas de aliño Garam Masala
   para verduras al horno
   (ver *Recetas básicas*)

ADEMÁS
4 panecillos de hamburguesa
   (ver *Recetas básicas*)
2 tomates
2 pepinillos
Un puñado de rúcula

ADZUKI, JUDÍAS VERDES, PATATAS, CALABAZA, ALMENDRA MARCONA, SALSA DE KALAMATA

Para 4 personas

Los salteados son una buenísima manera de revisitar el plato único de toda la vida: me gusta añadirles siempre alguna legumbre para que estén nutricionalmente equilibrados. La salsa de aceitunas es un éxito asegurado: pruébala con una simple patata cocida o alárgala con un poco de aceite y aliña con ella una ensalada de apio y tomate.

PREPARACIÓN

La noche previa, poner las judías en remojo en agua fría. Escurrir las judías y cocerlas a fuego lento tapadas con la tira de alga kombu, la cebolla pequeña, las 2 hojas de laurel y sal. Pasada una hora o una hora y media –depende de la dureza del agua y lo fresca que sea la legumbre– escurrir, retirar las verduras y reservar.

Lavar las judías verdes y hervirlas unos 5 minutos. Refrescar, escurrir y reservar.

Hervir las patatas mini con piel con agua y sal unos 15 minutos. Dejar enfriar, pelar y reservar.

Pelar la calabaza, y cortarla en rodajas de dos centímetros de grosor. Cocerla al horno con aceite de oliva, sal, pimienta y tomillo a 180 °C unos 20 minutos.

Preparar la salsa de aceitunas triturando todos los ingredientes hasta obtener una homogénea.

Lavar los tomates cherry y saltearlos con el resto de ingredientes y salsa. Servir caliente.

200 g de judías adzuki
    (o judía roja)
Una tira de alga kombu
Una cebolla pequeña
2 hojas de laurel
16-20 patatas mini
200 g de judías verdes
16-20 tomates cherry
200 g de calabaza
Almendras marcona
2 cucharadas
    de aceite de oliva
Sal
Pimienta
Tomillo

PARA LA SALSA DE
OLIVAS KALAMATA
60 g de olivas Kalamata
Una cucharadita
    de zumo de limón
Una cucharadita de vinagre
    de manzana
Una cucharadita de mostaza
80 ml de aceite de oliva
60 g de queso parmesano
Un diente de ajo
Sal
Pimienta

RISOTTO VERDE DE AVENA CON ESPÁRRAGOS, ESPINACAS, ROQUEFORT DE TOFU, NUECES CARAMELIZADAS, CHLORELLA

Para 4 personas

Aunque no siga la técnica ni coincida con los ingredientes del risotto italiano, el resultado de este guiso es tan cremoso y satisfactorio como el original (y mucho más ligero). Me gusta tomarlo como plato único, acompañado de una ensalada sencilla.

PARA LAS NUECES CARAMELIZADAS
Poner el azúcar con unas gotas de agua en el fuego, cuando esté dorado y burbujeante añadir las nueces. Bajar el fuego y dar unas vueltas hasta que estén uniformemente caramelizadas. Enfriar sobre un papel de horno y guardar en una lata o tarro hermético hasta el momento de consumo.

PARA EL RISOTTO
La noche anterior, poner la avena en remojo. Escurrir y cocer con agua y sal. Al arrancar el hervor, reducir el fuego y dejar cocer entre 50 y 60 minutos. Colar y reservar.

Cortar la calabaza en daditos y saltear con aceite, sal, pimienta y una pizca de tomillo. Después, añadir el calabacín cortado a dados y los espárragos. Saltear un par de minutos más y reservar.

Saltear las espinacas con los ajos picados y una pizca de sal y pimienta en una sartén con aceite de oliva. Reservar.

Triturar la base de risotto con las espinacas salteadas y el roquefort de tofu.

MONTAJE
Poner en una sartén la salsa de espinacas y roquefort que hemos triturado junto con la avena, los calabacines, los espárragos, la calabaza, la chlorella y los guisantes, reducir durante un par de minutos y emplatar. Decorar con las nueces caramelizadas y la ralladura de limón.

400 g de avena integral
400 g de calabaza
Un calabacín pequeño
500 ml de caldo base de
    risotto (ver *Recetas básicas*)
4 espárragos verdes
150 g de espinacas frescas
2 cucharadas de guisantes
2 dientes de ajo
La ralladura de la piel de ½ limón
    (solo la parte amarilla)
100 g de roquefort de tofu
    (ver *Recetas básicas*)
Una cucharadita de chlorella
    o espirulina
Aceite de oliva
Sal
Pimienta
Tomillo

PARA LAS NUECES
CARAMELIZADAS
100 g de nueces peladas
50 g de azúcar integral de caña
Unas gotas de agua

ESTOFADO DE BULGUR, ALCACHOFAS, OKRA, SHIITAKE, MASALA DE ESPECIAS

Para 4 personas

La okra y el shiitake le dan un toque muy exótico a este plato, y van muy bien con el masala de especias. También puedes adaptarla a las verduras que tengas a tu alcance –y a la temporada–: seguro que el resultado será igual de bueno.

PREPARACIÓN

Hervir el bulgur 10 minutos con el agua hirviendo con sal. Escurrir y reservar.

Sofreír en una cazuela la cebolla picada, añadir los pimientos, la zanahoria, el calabacín y la calabaza cortados pequeños, el shiitake y las alcachofas limpias y en cuartos. Saltear durante un par de minutos hasta que estén ligeramente dorados.

Agregar la salsa de tomate, el caldo vegetal, los guisantes y las especias y cocer unos 20 minutos. Poco antes de finalizar la cocción, incorporar el brócoli. Mezclar el estofado de verduras con el bulgur y agregar cilantro picado. Dejar cocer un par de minutos más.

En una sartén aparte, saltear las okras con aceite de oliva.

MONTAJE

Servir el estofado de bulgur y decorar con la okra.

300 g de bulgur
Una cebolla pequeña
½ pimiento rojo
½ pimiento verde italiano
Una zanahoria
½ calabacín
200 g de calabaza
150 g de shiitake
2 alcachofas
250 g de salsa de tomate
    (ver *Recteas básicas*)
500 ml de caldo vegetal
    (ver *Recteas básicas*)
150 g de brócoli
50 g de guisantes
8 okras
Una cucharada de picada
    de ajo y perejil
4 cucharadas
    de aceite de oliva
Pimentón
2 cucharadas
    de cilantro picado
Pimienta
Azafrán
Cúrcuma
Comino
Una hoja de laurel
Sal

RIGATONI, AJOS TIERNOS, ALCAPARRAS, HABAS BABY, VELOUTÉ DE PUERRO, *MUDDICA ATTURRATA*

Para 4 personas

Descubrí la *muddica atturrata* en un viaje a Sicilia, donde se usa habitualmente como condimento para la pasta. Me sorprendió muchísimo que con cuatro ingredientes tan sencillos se pudiera conseguir un resultado tan espectacular, que se potencia al combinarlo con verduras de primavera.

PARA LA VELOUTÉ DE PUERROS

Picar la cebolla, el hinojo y el puerro y pocharlos en una sartén con un poco de aceite de oliva. Añadir el vino blanco y dejar evaporar.

Incorporar el caldo, la hoja de laurel y salpimentar al gusto. Dejar reducir unos 10 minutos. Añadir al final la leche de coco, triturar la salsa y reservar.

PARA LA *MUDDICA ATTURRATA*

Picar el pan sin gluten y tostarlo a fuego suave en una sartén con una pizca de sal, azúcar y cayena. Ir removiendo con una cuchara de madera hasta que esté dorado. Dejar enfriar y reservar.

PARA LA PASTA

Hervir la pasta con agua y sal 3 minutos si es fresca, o según las indicaciones del fabricante si es seca.

Escaldar las habas un minuto con agua y sal. Lavar y cortar los ajos tiernos a daditos y saltearlos en una sartén con aceite de oliva, junto con los shiitakes troceados. Incorporar la pasta, la velouté de puerros, las alcaparras y las habas. Dar un hervor para integrar los sabores. Servir con la *muddica atturrata* espolvoreada por encima.

400 g de rigatoni (en seco)
    o 600 g frescos
100 g de habas baby
40 g de alcaparras
6 ajos tiernos
200 g de shiitake fresco
Aceite de oliva
Sal
Pimienta

PARA LA VELOUTÉ DE PUERROS
2 cucharadas de aceite de oliva
Una cebolla pequeña
½ bulbo de hinojo
Un puerro (la parte blanca)
50 ml de vino blanco
700ml de caldo vegetal
    (ver *Recetas básicas*)
150 ml de leche de coco
Sal
Pimienta
Una hoja de laurel

PARA LA *MUDDICA ATTURRATA*
60 g de pan sin
    gluten un poco duro
Una pizca de sal
Una pizca de azúcar
    integral de caña
Una pizca de cayena

PAPPARDELLE INTEGRALES CON GUISANTES, ESPÁRRAGOS VERDES, SHIITAKE, ANACARDOS, CURRY DE CHIPOTLE

Para 4 personas

Aquí tienes una buena excusa para probar nuestra masa de pasta fresca: a lo mejor no te salen unos pappardelle perfectos, pero la satisfacción de hacerlos tú mismo lo compensará. Las hojas de lima kaffir y la galanga son un poco complicadas de encontrar: si no las tienes a mano, prepara la salsa sin ellas porque sigue estando riquísima.

PARA LA SALSA DE CURRY

Picar la cebolla y el ajo y dorarlos en una sartén a fuego medio con aceite de oliva. Añadir el resto de ingredientes y hervir unos minutos hasta que la salsa tenga la textura deseada.

PARA LA PASTA

Hervir la pasta con agua y sal 3 minutos si es fresca, o siguiendo las indicaciones del fabricante si la compramos seca.

Escaldar los guisantes, cortar los espárragos en rodajas y saltearlos en una sartén con aceite, sal y pimienta junto con las setas shiitake. Picar los anacardos no muy finos.

Saltear la pasta con las verduras y la salsa de curry. Servir con los anacardos y el cilantro picado no muy fino.

PARA LA SALSA DE CURRY
3 cucharadas de aceite de oliva
3 g de cilantro fresco
3 chalotas
15 g de azúcar integral de caña
Una pizca de pimentón dulce
Un diente de ajo
2 hojas de lima kaffir
Un trocito de galanga
20 g de chipotle adobado
400 ml de leche de coco
50 ml de salsa de soja
Comino

PARA LA PASTA
400 g de pappardelle integrales
   secos o 600 frescos
   (ver *Recetas básicas*)
100 g de guisantes o tirabeques
4 espárragos verdes
200 g de shiitake frescos
80 g de anacardos
Cilantro
Aceite de oliva
Sal

DOS TEXTURAS DE CHOCOLATE *RAW*, CEREZAS LACTOFERMENTADAS

Para una tarta de 10 cm de diámetro (2 o 3 raciones)

La pastelería *raw* te enseñará que se pueden preparar postres saludables sin tener que encender el horno y usando frutas y frutos secos para endulzar. Anímate a acompañar este pastel con las cerezas lactofermentadas: no cuesta nada hacerlas y se convertirán en un básico de tus acompañamientos veraniegos.

PARA LA BASE
Poner todos los ingredientes en el vaso de la batidora y triturar.

Forrar la base de un molde o un aro metálico con papel sulfurizado y cubrir con la masa de la base, presionando con los dedos.

PARA EL CREMOSO
Poner todos los ingredientes en el vaso de la batidora y triturar hasta obtener una crema sedosa.

MONTAJE
Acabar de rellenar el molde y dejar toda la noche en la nevera para que se endurezca. Desmoldar con cuidado y decorar con las cerezas lactofermentadas.

PARA LA BASE
50 g de plátanos
75 g de harina de almendras
10 g de cacao *raw*
12 g de aceite de coco
8 g de sirope de agave

PARA EL CREMOSO
100 g de leche de coco
65 g de anacardos
20 g de sirope de agave
12 g de cacao *raw*
12 g de manteca de cacao
12 g de aceite de coco

PARA DECORAR
Cerezas lactofermentadas
    (ver *Recetas básicas*)

MILHOJAS DE ESPELTA, CREMA CATALANA VEGETAL, FRESITAS SILVESTRES, PIÑONES

Para 4-5 personas

Os propongo un postre clásico de domingo, que se actualiza y aligera gracias a la harina de espelta y la crema catalana con ingredientes vegetales. Que no os frene la falta de fresas salvajes: cualquier fruto rojo entra perfectamente en la ecuación.

PARA LA CREMA
Poner todos los ingredientes en un cazo y llevar a fuego muy lento sin parar de remover con unas varillas. Cuando hierva, seguir removiendo hasta que espese. Retirar del fuego y dejar enfriar.

PARA LA MASA
En un cuenco grande poner la harina de espelta con la sal, el azúcar y la margarina. Añadir la bebida de soja y mezclar hasta que quede todo amalgamado, hacer una bola y tapar con film de cocina. Reposar en la nevera alrededor de una hora para que se endurezca y poder trabajarla con facilidad.

Estirar la masa muy fina entre dos papeles de horno, cortar 12 rectángulos y hornear 5 minutos a 180 °C.

Sacar la bandeja del horno y volver a cerrarlo enseguida para que no pierda temperatura. Pintar las placas con el sirope, repartir los piñones por encima y devolver al horno durante unos 12 minutos más, o hasta que estén crujientes.

MONTAJE
Poner la crema catalana en una manga pastelera. Cubrir cuatro placas de espelta con parte de la crema, repartir las fresitas silvestres por encima y repetir la operación dos veces más.

PARA EL MILHOJAS
100 g de harina de espelta
  (y un poco más para
  estirar la masa)
50 ml de bebida vegetal de soja
Una cucharadita rasa de azúcar
  integral de caña
Una pizca de sal
50 g de margarina vegetal
  no hidrogenada en pomada
20 g de piñones
Una cucharada de sirope de agave

PARA LA CREMA CATALANA
500 ml de bebida de soja
40 g de maicena
75 g de azúcar integral de caña
La piel de ½ limón
  (solo la parte amarilla)
Una barra de canela
Una pizca de cúrcuma

PARA DECORAR
180 g de fresitas silvestres

TARTALETA DE PUDIN DE CHÍA, CEREZAS ESPECIADAS

Para 4 personas

Los vasitos de chía ya se han convertido en un clásico contemporáneo de la cocina saludable. En esta receta la sacamos de su zona de confort –el desayuno– y, bien acompañada por unas sabrosas cerezas especiadas, pasa a convertirse en un postre.

PARA EL PUDIN DE CHÍA
La noche antes, hidratar la chía con la bebida de soja, la leche de coco, la esencia de vainilla y el azúcar, removiendo bien con unas varillas para conseguir una mezcla homogénea. Dejar reposar en frío.

PARA LAS TARTALETAS
Mezclar todos los ingredientes, hacer una bola con la masa, taparla con film de cocina para que no se seque y dejar reposar durante una hora.

Forrar cuatro moldes de tartaleta (o usar la base de un bol o un aro de emplatar para darles forma). Cocer en el horno a 160° durante 20 minutos.

PARA LAS CEREZAS ESPECIADAS
Deshuesar las cerezas y cocerlas a fuego lento junto al resto de ingredientes durante unos 10 minutos. Dejar enfriar, retirar el jengibre, los clavos, la piel de limón y la canela y reservar.

MONTAJE
Rellenar las tartaletas con el pudin y repartir las cerezas por encima.

PARA LA TARTALETA
75 g de margarina
    no hidrogenada
15 g de harina de almendra
40 g de azúcar integral de caña
130 g de harina
    de trigo sarraceno

PARA EL PUDIN
60 g de chía
250 g de bebida
    vegetal de soja
80 g de leche de coco
40 g de azúcar
    integral de caña
Unas gotas de esencia
    de vainilla

PARA LAS CEREZAS
300 g de cerezas
20 g de azúcar integral
    de caña
100 ml de agua
50 g de jengibre fresco
    pelado y en rodajas
La piel de ½ limón
    (sin la parte blanca)
½ barra de canela
4 clavos

VERANO

CARPACCIO DE CALABACÍN, AGUACATE, PARMESANO REGGIANO, SALSA *CAROTA E POMODORO*

Para 6 personas

Llevo 30 años preparando este plato y sigue sorprendiendo como el primer día. Es fresco, muy sabroso e ideal para compartir en el centro de la mesa durante una cena veraniega. Si te gusta la rúcula, no dudes en añadirla: le va muy bien.

PARA EL ALIÑO
Mezclar bien con varillas, tenedor o un bote de cristal cerrado todos los ingredientes hasta conseguir una salsa emulsionada.

PARA LA SALSA
Pelar y cortar las verduras y triturarlas con la batidora con el aceite y la sal hasta obtener una salsa fina.

PARA EL CARPACCIO DE CALABACÍN
Lavar los calabacines. Cortarlos en láminas o rodajas muy finas con la ayuda de una mandolina o un cuchillo afilado.

Mezclar los calabacines con el aliño y dejar reposar 30 minutos, para que se maceren ligeramente y el sabor sea más intenso.

MONTAJE
Poner la salsa *carota e pomodoro* en el fondo de un plato, colocar las láminas de calabacín encima y decorar con el aguacate en láminas, queso parmesano y aceitunas al gusto.

2 o 3 calabacines
(dependiendo del tamaño)

PARA EL ALIÑO
DEL CARPACCIO
25 ml de zumo de limón
80 ml de aceite de oliva
Una cucharada de mostaza antigua
Una pizca de orégano
Una pizca de eneldo
Sal

PARA LA SALSA
CAROTA E POMODORO
100 g de zanahorias
100 g de tomate maduro
50 ml de aceite de oliva
Sal

ADEMÁS
3 aguacates
Parmesano al gusto
Olivas Kalamata

CAESAR SALAD

Para 4 personas

El contraste entre las tiras de tofu ahumado marinado en salsa de soja, los picatostes crujientes y el aliño cremoso son la clave para que esta receta siempre sea un éxito. Aunque sea una ensalada es bastante contundente, y puede funcionar bien como plato único.

PARA LA SALSA

Mezclar la tofunesa, el zumo de limón y la salsa de soja con unas varillas, añadiendo la bebida de soja para aligerarla un poco hasta conseguir la textura deseada.

PARA EL TOFU

Cortar el tofu en tiras, marinar unos minutos con salsa de soja y hacer a la plancha con unas gotas de aceite.

PARA LA ENSALADA

Lavar cuidadosamente las hojas de lechuga, cortarlas y disponerlas en una fuente.

Lavar, pelar y rallar –o cortar en rodajas finas– las zanahorias, lavar y cortar la manzana en gajos.

Distribuir encima de la lechuga, la zanahoria rallada, la manzana, el tofu, el maíz y los picatostes. Aliñar con la salsa al gusto y servir.

PARA LA ENSALADA
Una manzana
Una lechuga
2 zanahorias
100 g de maíz cocido
Picatostes de pan de molde
    sin gluten (ver *Recetas básicas*)

PARA EL TOFU
150 g de tofu ahumado
Salsa de soja o tamari
Aceite de oliva

PARA LA SALSA
210 g de tofunesa
    (ver *Recetas básicas*)
Bebida de soja sin
    endulzar al gusto
Una cucharadita
    de zumo de limón
10 ml de salsa de soja

TABULÉ DE TRIGO SARRACENO, VINAGRETA DE MENTA

Para 4 personas

Si buscas un plato sencillo, rápido y sabroso para llevar al trabajo o a un picnic, este tabulé lo tiene todo. El toque de menta de la vinagreta le da un sutil aire árabe, sin tener ni siquiera que utilizar especias.

PARA LA VINAGRETA
Poner todos los ingredientes en la batidora. Triturar bien, y si es necesario rectificar de sal o vinagre (al gusto).

PARA EL TEMPEH
Cortar el tempeh a daditos y marinar con salsa de soja y el comino en polvo. Pasar por la plancha con unas gotas de aceite. Reservar.

PARA EL TABULÉ
Lavar el trigo sarraceno, cocerlo en agua salada durante 15 o 20 minutos. En un colador, refrescar con agua fría, dejar escurrir y reservar.

Lavar y cortar a dados el calabacín. Poner agua a hervir a fuego vivo: cuando burbujee, añadir un poco de sal e incorporar el calabacín. Hervir un minuto, cortar la cocción con agua helada, escurrir.

MONTAJE
Cortar los tomates cherry en mitades, la cebolla roja en juliana y los pimientos en daditos. Mezclar el trigo sarraceno con las verduras, aliñar con la vinagreta y decorar con los dados de tempeh y la menta.

PARA EL TABULÉ
300 g de trigo sarraceno
16 tomates cherry
Hojas de menta
    fresca para decorar
Una cebolla roja
Un calabacín
½ pimiento rojo
Un pimiento verde

PARA EL TEMPEH
250 g de tempeh
Salsa de soja
Una pizca de
    comino en polvo
Aceite de oliva

PARA LA VINAGRETA
150 ml de aceite de oliva
40 ml de vinagre de manzana
Un puñadito de hojas de perejil
½ diente de ajo (o al gusto)
Un puñadito de hojas
    de menta fresca
Sal
Pimienta negra

AGUACHILE DE CEREZAS, PEPINO, AGUACATE

Para 4 personas

Este aguachile es mi versión *plant-based* de los clásicos aguachiles que he podido disfrutar en mis viajes por México, sobre todo en la zona de Sinaloa, Jalisco y Baja California. Hemos sustituido los típicos camarones por cerezas, tomates de temporada y aguacate. Y, para mantener el toque especial marinero, le hemos puesto alga nori deshidratada.

PARA EL AGUACHILE
Pelar el pepino y triturar con el resto de los ingredientes, ajustar el jalapeño al gusto. Pasar todo el conjunto por un colador de malla.

PARA LA ENSALADA
Pelar los pepinos y, con la ayuda de una cuchara, quitar las pepitas. Cortar a 1 cm, espolvorear con sal y dejar reposar unos 30 minutos. Aclarar con agua y escurrir.

MONTAJE
Mezclar la salsa aguachile con los pepinos, la cebolla morada cortada a juliana fina, los physalis y las cerezas picotas despepitadas y cortadas por la mitad, los tomates cherry y los tomatillos cortados a cuartos.

Cortar los aguacates por la mitad y extraerles el hueso y la piel. Cortar a lonchas muy finas, extender las tiras sin separarlas y enrollar poco a poco para conseguir darle la forma de una rosa. Colocarlo en el centro del plato. Acabar con el alga nori cortada a juliana fina, el cilantro y el sésamo.

PARA EL AGUACHILE
1 pepino
60 g de zumo de limón
60 g de zumo de lima
20 g de zumo de naranja
10 cerezas picotas deshuesadas
15 g de sirope de agave
Una pizca de sal
1 rodajita de jalapeño

PARA LA ENSALADA
2 pepinos
2 aguacates
½ cebolla morada
16 cerezas picotas
4 tomates cherry
10 physalis
2 tomatillos verdes
½ hoja de alga nori
Sésamo
Cilantro
Sal

VICHYSSOISE DE COCO, MELOCOTÓN

Para 4 personas

Dale una vuelta a una sopa clásica de verano cambiando la nata por leche de coco. Si tienes nuestra versión de la vichyssoise lista en la nevera, solo tendrás que pelar y cortar los melocotones justo antes de servirla.

PREPARACIÓN

Picar la cebolla y cortar el puerro en rodajas finas. Pelar y trocear las patatas.

Pochar –en una olla a fuego lento– la cebolla y el puerro con un fondo de aceite de oliva. Después, añadir la patata, el coco fresco troceado –o seco rallado– y el caldo. Dejar hervir unos 30 minutos, hasta que las verduras estén tiernas.

Ya fuera del fuego, añadir la leche de coco. Triturar hasta conseguir un puré fino, rectificar de sal si es necesario y pasar por el colador chino (sobre todo si hemos usado coco seco). Cuando esté a temperatura ambiente, enfriar en la nevera.

Servir bien fría con trocitos de melocotón, germinados al gusto y un cordón de aceite de oliva.

Una cebolla
600 g de puerros (la parte blanca de dos o tres, dependiendo del tamaño)
300 g de patatas (2 medianas)
150 g de coco joven (o 100 seco)
150 ml de leche de coco
1½ l de caldo vegetal (ver *Recetas básicas*) o agua con cubitos de concentrado eco
2 melocotones
Germinados al gusto
Sal
Aceite de oliva

GREENPACHO

Para 4 personas

El tomate verde es un poco más ácido que el rojo, y además aporta su color característico al clásico nacional veraniego: el gazpacho. Esta versión, además, se beneficia del aroma del jengibre y la cremosidad del aguacate.

PREPARACIÓN

Cortar todas las verduras –excepto el aguacate y las hojas de albahaca– y triturar junto con el resto de ingredientes hasta conseguir un puré lo más fino posible. Pasar por el pasapurés para eliminar los restos de pieles.

Añadir el aguacate pelado y cortado y la albahaca. Triturar de nuevo y poner en la nevera. Servir bien frío con los tomates cherry en cuartos.

1 ½ kg de tomate verde
   (o lo más verde posible)
70 g de pimiento verde
70 g de cebolla tierna
150 g de pepino
20 g de jengibre pelado
Un diente de ajo
100 ml de aceite de oliva
2 aguacates
Sal
20 hojas de albahaca
20 tomates cherry para decorar

CREMA DE PEPINO, YOGUR
DE ALMENDRAS, ENELDO

Para 4 personas

Una versión sin lácteos de la crema de pepino, un clásico de la cocina de Oriente Próximo y los países balcánicos. Si la aligeras con bastante agua, conseguirás una bebida refrescante para tomar a media tarde o con el aperitivo: entra bien a cualquier hora.

PREPARACIÓN

Pelar los pepinos –reservar un poco para decorar–, las manzanas y la cebolla. Triturarlos con el pimiento, el eneldo, el ajo y el yogur en una batidora o robot de cocina hasta obtener un puré fino.

Añadir al final el aceite de oliva y, si queda muy espeso, un poco de agua. Salpimentar y refrigerar al menos unas horas (o de un día para otro). Servir con un poco de pepino rallado y un poco de eneldo picado.

1 kg de pepinos
2 manzanas
½ pimiento verde
½ cebolla tierna
Un diente de ajo (o al gusto)
60 ml de aceite de oliva
300 g de yogur de almendras
   (ver *Recetas básicas*)
3 o 4 ramitas de eneldo
Sal del Himalaya
Pimienta negra

TORRE DE BERENJENAS, CALABACÍN, TOMATE, HIGOS, PESTO

Para 4 personas

Los ingredientes se parecen a los de la ratatouille francesa, pero la presentación en forma de torre, el queso de cabra y el higo a la plancha le dan un aspecto mucho más sofisticado.

PREPARACIÓN

Picar la cebolla y pocharla en una sartén con aceite de oliva.

Cortar el calabacín a lo largo en tiras finas y hacerlo a la plancha.

Asar el pimiento rojo y la berenjena en el horno a 180 °C durante unos 30 minutos o hacerlo directamente al fuego. Pelar, cortar a tiras y aliñar con aceite de oliva y sal.

Caramelizar los higos con el azúcar en la sartén o con un soplete de cocina. Cortar el rulo de cabra en rodajas y dorarlo en la plancha o con el mismo soplete.

PARA EL MONTAJE

Montar en un aro con el calabacín alrededor, rellenar con las berenjenas, los pimientos asados y la cebolla pochada. Terminar con el tomate cortado en dados y aliñado con pesto, el queso de cabra y los higos caramelizados.

PARA LA TORRE
220 g de cebolla
600 g de calabacines
600 g de pimiento rojo
1 kg de berenjenas
4 higos frescos
Una cucharadita de azúcar
    integral de caña
2 cucharadas de aceite de oliva
200 g de rulo de cabra
Sal

PARA EL MONTAJE
200 g de tomates maduros
60 g de salsa pesto de
    albahaca y perejil
    (ver *Recetas básicas*)

TOFU Y BERENJENAS TERIYAKI, ESPINACAS SALTEADAS, SHIITAKE

Para 4 personas

Una berenjena
300 g de espinacas
Un diente de ajo
200 g de setas shiitake
    (unas 12 unidades)
Maicena
Aceite de oliva
Sal
Pimienta

PARA EL TOFU
400 g de tofu
    (normal o ahumado)
100 ml de salsa de soja
75 ml de mirin
Una cucharada de azúcar
    integral de caña
½ cucharadita
    de jengibre molido

PARA LA SALSA TERIYAKI
200 ml de sake o vino blanco
100 ml de salsa de soja
100 ml de mirin
15 g de azúcar
    integral de caña
10 g de maicena

PARA DECORAR
Sésamo
Cebolleta china

La salsa teriyaki casera está a años luz de la industrial: es mucho menos dulzona y más sutil, muy adecuada para combinar con la jugosa berenjena rebozada, el tofu marinado y el también asiático shiitake. Si quieres añadir un toque crujiente y fresco, ponle un poco de soja germinada.

PARA LA SALSA TERIYAKI
Colocar todos los ingredientes en un cazo a fuego suave y remover hasta conseguir una salsa fina. Enfriar y reservar.

PARA EL PLATO
Mezclar la soja, el mirin, el azúcar y el jengibre con unas varillas. Cortar el tofu en dados y poner en la mezcla durante un par de horas (puede ser de un día para otro).

Cortar las berenjenas en dados del mismo tamaño que el tofu y salarlas ligeramente.

Enharinar el tofu y las berenjenas con la maicena, freír con abundante aceite de oliva suave, escurrir en papel de cocina y reservar.

Cortar el diente de ajo a láminas, y saltearlo junto con las espinacas con un poco de aceite. Saltear también las setas shiitake con aceite, sal y pimienta.

MONTAJE
Montar el plato con las espinacas en la base, los tacos de berenjena y tofu y el shiitake. Cubrir con la salsa y decorar con sésamo y cebolleta china a rodajas.

MAR Y MONTAÑA DE ALBÓNDIGAS VEGETALES, COCO, ALGAS HIZIKI, FONDO OSCURO

Para 4 personas

Las recetas con ingredientes de mar y montaña son especialmente populares en la zona del Empordà: en esta conseguimos el toque marino gracias a las algas kombu y hiziki. Las albóndigas ponen la parte de montaña: puedes servirlas también con salsa de tomate, zanahorias o verde.

PARA LAS ALBÓNDIGAS

Hervir el trigo sarraceno con el alga kombu y la salsa de soja en una olla tapada a fuego lento. Reservar. Saltear en una sartén con aceite de oliva la cebolla, la zanahoria, los champiñones y la calabaza picados. Añadir las especias y salpimentar.

Mezclar el sofrito de verduras con el trigo sarraceno cocido, el ajo y el perejil picados y la harina de garbanzos. Formar las albóndigas y rebozar con los copos de maíz triturados. Freír las albóndigas con aceite de oliva, escurrir en papel de cocina.

MONTAJE

Remojar las algas durante unos 30 minutos.

Poner las albóndigas en una sartén con los guisantes, el coco joven, las algas hiziki (previamente remojadas) y el fondo oscuro. Dar un hervor y servir.

PARA LAS ALBÓNDIGAS
DE TRIGO SARRACENO
120 g de trigo sarraceno
400 ml de agua
Un trocito de alga kombu
Una cucharada
    de salsa de soja
Una cebolla pequeña
2 zanahorias
150 g de champiñones
150 g de calabaza
Pimienta
Canela
Nuez moscada
Un diente de ajo
Perejil
2 cucharadas de harina
    de garbanzos
50 g de copos de maíz
Aceite de oliva
Sal

ADEMÁS
80 g de guisantes frescos
100 g de coco joven
6 g de algas hiziki
Fondo oscuro
    (ver *Recetas básicas*)

LENTEJAS CAVIAR, TOMATE SECO, ROQUEFORT DE TOFU

Para 6 personas

Las lentejas caviar tienen un sabor muy delicado y una textura fina, ya que casi no tienen hollejo. Tampoco necesitan remojo, así que son una opción muy interesante cuando no tienes tiempo, pero sí ganas de un buen plato de legumbres.

PARA LAS LENTEJAS
Lavar las lentejas en un colador y hervirlas en una olla con la cebolla y las hojas de laurel durante unos 30 minutos. Refrescar en un escurridor, retirar la cebolla y el laurel y dejar enfriar.

PARA LA VINAGRETA
Cortar la cebolla roja en juliana, picar el cebollino y el perejil muy finos, machacar el diente de ajo y mezclar con unas varillas con el aceite, el vinagre, la sal y las especies. Dejar marinar durante una media hora.

MONTAJE
Cortar las manzanas a gajos y plancharlas. Cortar el aguacate en láminas.

Aliñar las lentejas con la vinagreta, mezclar con las hojas verdes, los tomates secos troceados, la manzana, el aguacate y el roquefort vegano.

500 g de lentejas caviar
   (secas)
Una cebolla pequeña
2 hojas de laurel
Sal

PARA LA VINAGRETA
150 g de cebolla roja
150 ml de aceite de oliva
50 ml de vinagre de Módena
Un diente de ajo (o al gusto)
Una rama de tomillo fresco
Sal
Pimienta
Perejil
Cebollino

ADEMÁS
6 tomates secos en aceite
80-100 g de roquefort de tofu
   (ver *Recetas básicas*)
2 manzanas
2 aguacates
Mézclum de hojas verdes

EMPEDRAT DE GARBANZOS, AGUACATE, PERA, MAYONESA DE TOFU

Para 4 personas

En Cataluña se llama *empedrat* a las ensaladas de legumbres, una manera estupenda de preparar una comida veraniega completa sin demasiada complicación. Esta versión, que podría ser pariente del tartar gracias a los encurtidos, es algo más sofisticada y agradece un uso generoso del tabasco.

PARA EL ALIÑO
Batir todos los ingredientes hasta conseguir una salsa homogénea.

PARA EL EMPEDRAT
Escurrir y lavar los garbanzos. Aplastarlos un poco con un tenedor, dejando algunos enteros.

Picar fino la cebolla, los pepinillos, las alcaparras y el ajo, mezclar con los garbanzos la tofunesa y el aliño.

MONTAJE
Pelar el aguacate y la pera y cortarlos a daditos pequeños. Aliñar con zumo de limón para que no se ennegrezcan y reservar. Mezclar los ingredientes y servir con hojas de mezclum y el tomate cortado a daditos.

500 g de garbanzos cocidos
100 g de cebolla tierna
150 g de pepinillos
15 g de alcaparras
Un diente de ajo (o al gusto)
150 g de tofunesa
(ver *Recetas básicas*)

PARA EL ALIÑO
Una cucharada
de mostaza antigua
Una cucharada
de salsa de soja
Una cucharada
de zumo de limón
Tabasco al gusto
Sal
Pimienta
Una pizca de cúrcuma
en polvo

ADEMÁS
2 aguacates
2 peras blanquilla
2 tomates maduros de rama

HAMBURGUESAS DE REMOLACHA Y ARROZ INTEGRAL, CHIRIVÍAS Y ZANAHORIAS ASADAS

Para unas 4-6 hamburguesas

Las hamburguesas no siempre tienen que ir entre panes y con patatas: estas de remolacha y arroz, que serviremos con unas hortalizas asadas, son una buena muestra de que esta preparación puede ser ligera y saludable. No te pierdas el toque ligeramente picante del kétchup casero de chipotle.

PARA LAS HAMBURGUESAS
Hervir el arroz integral con agua y sal durante 45-60 minutos. Tiene que quedar pastoso y no tenemos que escurrirlo: se puede empezar la cocción con 750 ml de agua y vigilar a partir de media cocción para ajustarlo.

Hacer un sofrito con la cebolla, la zanahoria, el calabacín, el pimiento rojo y las setas bien picados en el aceite de oliva. Cuando esté listo, añadir la salsa de soja y las especias. Añadirlo al arroz junto con la remolacha triturada.

Hacer una picada con el ajo y el perejil. Mezclar con el lino molido, espesar con el pan rallado, enfriar la masa en la nevera para que sea más manejable y formar las hamburguesas.

PARA EL ACOMPAÑAMIENTO
Lavar las verduras y aliñarlas con la salsa Garam Masala. Cocerlas al horno a 220 °C durante unos 20 minutos.

MONTAJE
Planchar las hamburguesas y servirlas con las verduras al horno y el kétchup de chipotle.

100 g de arroz integral
Una cebolla pequeña
Una zanahoria
½ calabacín
½ pimiento rojo
100 g de champiñones
100 g de remolacha fresca
Pimentón
Pimienta negra
Tomillo
Una cucharadita
 de salsa de soja
2 dientes de ajo
3 cucharadas
 de aceite de oliva
10 g de lino molido
Pan rallado
Perejil
Sal

PARA ACOMPAÑAR
4-5 chirivías
4-5 zanahorias
2 cucharadas de aliño Garam Masala
120 g de kétchup de chipotle
 (ver *Recetas básicas*)

CUSCÚS, MICOPROTEÍNA, PATATA BLANCA, BERENJENA, HUMMUS

Para 4 personas

La micoproteína es una proteína de origen vegetal que se extrae de una seta, con una textura y un sabor sorprendentes. Aunque empieza a popularizarse, todavía es algo difícil de encontrar: si no lo tienes a mano, puedes utilizar tus setas favoritas en su lugar.

PARA EL CUSCÚS
250 g de caldo vegetal
   (ver *Recetas básicas*)
   o agua con concentrado
   en cubitos bio
200 g de sémola de trigo (cuscús)
3 cucharadas de aceite de oliva
Un diente de ajo
Una cucharada de salsa de soja
Una hoja de laurel
Una guindilla

PARA LAS VERDURAS
4 cucharadas de aceite de oliva
Una cebolla pequeña
Una berenjena
½ pimiento verde
½ pimiento rojo
2 o 3 tomates maduros
Un diente de ajo
Una patata mediana blanca
100 g de micoproteína
4 cucharadas de aceite de oliva
Sal
Pimienta

PARA EL HUMMUS
150 g de garbanzos cocidos
Una cucharada de aceite de oliva
2 cucharadas de tahini blanco
Una cucharadita de café
   de zumo de limón
½ diente de ajo (o al gusto)
Sal y pimienta
Un pellizco de comino
2 cucharadas de agua

PARA EL MONTAJE
Pan integral tostado
2 tomates maduros
Hojas de menta fresca

PARA EL CUSCÚS
Llevar a ebullición el caldo vegetal con la hoja de laurel y una cucharada de salsa de soja.

Calentar tres cucharadas de aceite de oliva en una cazuela, y una vez caliente, incorporar el diente de ajo y la guindilla y dorar a fuego suave un par de minutos. Retirarlos y añadir el cuscús, dándole unas vueltas hasta que coja color.

Apartar del fuego y escaldar con el caldo de verduras hirviendo. Remover de vez en cuando hasta que la sémola absorba toda el agua y se hidrate.

PARA LAS VERDURAS
Limpiar, pelar y cortar a dados pequeños la patata.

Pochar la cebolla picada con aceite de oliva, añadir los pimientos picados, la micoproteína troceada, la berenjena a dados pequeños, los tomates pelados, despepitados y troceados, la patata y el ajo picado. Salpimentar. Tapar y cocer unos 15 minutos o hasta que la patata y la berenjena estén listas.

PARA EL HUMMUS DE GARBANZOS
Escurrir y lavar los garbanzos. Triturar con el resto de ingredientes en el vaso de la batidora o en un robot de cocina. Si queda muy espeso, añadir más agua.

MONTAJE
Mezclar el cuscús con el guiso de verduras. Servir en un plato con hummus y pan tostado con tomate rallado. Decorar con menta picada.

LASAÑA DE ESPINACAS, CALABAZA, *RICOTTA* DE ANACARDOS, SALSA DE TOMATES FRESCOS Y SECOS

Para 4 personas

¿Quién dijo que la lasaña tiene que ser un plato caliente y contundente con bechamel y queso? Prueba esta versión de verano, que puedes preparar con antelación siempre que recuerdes sacarla un poco antes para servirla a temperatura ambiente.

PARA LA PASTA
Cocer la pasta de lasaña en agua hirviendo y sal, 3 minutos si es fresca o siguiendo las indicaciones del fabricante si es seca. Cuando esté hecha, escurrir y pasar por agua fría para parar la cocción. Reservar en un paño de cocina limpio.

PARA LA CAPA DE ESPINACAS
Limpiar las espinacas, trocearlas y escaldar con agua hirviendo ligeramente salada. Escurrir.

En una sartén, dorar en aceite de oliva el ajo picado. Retirar el ajo y dorar los piñones. Seguidamente añadir las espinacas y saltearlas. Reservar.

PARA LA CAPA DE BOLETUS
Trocear los boletus y saltearlos en una sartén con aceite, sal y pimienta. Reservar.

PARA LA CAPA DE CALABAZA
Pelar y laminar la calabaza. Ponerla en una fuente para horno con el aliño Garam Masala. Hornear a 180 °C unos 15 minutos.

MONTAJE
Montar la lasaña en una fuente de horno, alternando capas de espinacas, setas, calabaza y *ricotta*. Napar con la salsa de tomate y gratinar.

PARA LA CAPA DE
ESPINACAS
300 g de espinacas
Un diente de ajo
2 cucharadas
    de aceite de oliva
12 g de piñones
Sal

PARA LA CAPA DE BOLETUS
300 g de boletus
2 cucharadas de aceite
    de oliva
Sal
Pimienta

PARA LA CAPA DE CALABAZA
300 g de calabaza
2 cucharadas de aliño Garam Masala
    (ver *Recetas básicas*)

ADEMÁS
4 láminas de pasta fresca
    (el doble si es seca)
300 g de salsa de tomates frescos
    y secos (ver *Recetas básicas*)
170 g de *ricotta* de anacardos
    (ver *Recetas básicas*)

RED DEVIL RAVIOLI, BERENJENAS, QUESO DE CABRA, SALSA DE PUERROS Y REMOLACHA

Para 4 personas

PARA LOS 20 *RAVIOLI*
250 g de pasta fresca
   en láminas finas
   (ver *Recetas básicas*)
Una berenjena pequeña
Un tomate en rama
2 tomates secos
100 g de *mató* o *ricotta*
50 g de parmesano
50 g de rulo de cabra
Albahaca fresca
Una pizca de sal
Un poco de sémola
   de trigo duro

PARA LA SALSA DE
PUERROS Y REMOLACHA
Una cucharada
   de aceite de oliva
Un puerro
½ vasito de vino blanco
250 ml de caldo vegetal
   (ver *Recetas básicas*)
   o agua y concentrado
   bio en cubitos
Una hoja de laurel
½ vasito de leche de coco
30 ml de zumo de remolacha
Sal
Pimienta

PARA LAS BERENJENAS
DE DECORACIÓN
2 o 3 berenjenas
   (dependiendo del tamaño)
Aceite de oliva
Sal
Pimienta

ADEMÁS
60 g de rulo de cabra rallado
Un tomate seco
Cebollino picado

Si nunca has preparado una pasta rellena, esta receta es perfecta para perderle el miedo. El truco para darles color durante la cocción con zumo de remolacha sin intervenir en la masa te puede servir también con la pasta fresca comprada.

PARA LA SALSA DE PUERROS
Picar el puerro fino y pocharlo en una sartén con aceite de oliva. Añadir el vino blanco y dejar evaporar.

Incorporar el caldo, la hoja de laurel y salpimentar al gusto. Dejar reducir unos 10 minutos y, al final, añadir la leche de coco. Si queda muy líquida, ligar la salsa con un poco de maicena. Triturar, agregar el zumo de remolacha y reservar.

PARA LAS BERENJENAS
Semipelar las berenjenas y cortarlas en rodajas gruesas. Untar con aceite, salpimentar y asar en el horno a 180 °C durante unos 30 minutos.

PARA LOS *RAVIOLI*
Asar la berenjena, pelarla y picarla muy fina. Pelar el tomate, despepitar y picar también muy fino junto con los tomates secos.

Mezclar en un bol la berenjena, los tomates, los quesos, la albahaca picada y una pizca de sal, amasando bien hasta conseguir un relleno homogéneo.

Estirar bien la masa de pasta fresca. Cortar 40 círculos con la ayuda de un molde redondo (o un vaso y una puntilla). Rellenar la mitad con la farsa de berenjena y quesos, poniéndola siempre en el centro para poder cerrar los *ravioli*.

Con la yema de los dedos mojada, repasar los bordes y poner encima otro círculo de masa. Sellar con un tenedor, espolvorear con sémola y dejar secar un poco antes de cocer.

Hervir durante 3 minutos ocho *ravioli* con agua y sal, y 12 con agua, sal y jugo fresco de remolacha. Pescar con una espumadera para que no se rompan y escurrir.

MONTAJE
En la base de un plato poner la salsa de puerros y remolacha. En el centro, añadir algunas rodajas de berenjena y encima intercalar tres *ravioli* rojos con dos blancos. Decorar con el tomate seco y cebollino picados, y queso de cabra rallado.

SANDÍA, *MATÓ* VEGETAL, HELADO, SALSA DE MENTA FRESCA

Para 4 personas

Preparar un helado cremoso sin heladera en casa es fácil: solo tienes que recordar batirlo durante las primeras horas para que no se formen cristales. También deberías probarlo con melocotones, y si le añades chocolate rallado o en pepitas tendrás una combinación perfecta para tomarlo solo.

PARA EL HELADO DE MENTA
Poner en remojo los anacardos durante 8 horas, escurrir y reservar.

Hacer una infusión de menta en el agua caliente –sin llegar a hervir–, triturar y pasar por el chino. Una vez frío triturar de nuevo con los anacardos hidratados, la espirulina y el sirope de agave hasta obtener una crema fina.

Llevar al congelador en un recipiente bien cerrado y batir con un tenedor cada 20 minutos durante las 3 primeras horas para evitar que se formen cristales de hielo. Congelar al menos durante 5 horas en total.

PARA LA SALSA DE MENTA
Poner todos los ingredientes en el vaso de la batidora y triturar.

MONTAJE
Pelar la sandía, sacarle las pepitas y cortarla en dados. Servir con una *quenelle* de helado de menta, otra de *mató* vegetal y aliñar con la salsa de menta.

¼ de sandía (unos 400 g,
    sin cáscara)
180 g de *mató* vegetal
    (ver *Recetas básicas*)
Hojas tiernas
    de menta para decorar

HELADO DE MENTA
1 l de agua
50 g de menta fresca
75 g de sirope de agave
100 g de anacardos crudos
½ cucharadita
    de espirulina en polvo

SALSA DE MENTA
75 g de sirope de agave
5 g de menta fresca
25 ml de zumo de limón
Sal
Pimienta

CEVICHE DE FRUTAS, COCO JOVEN Y CILANTRO

Para 4 personas

Esta preparación está a medio camino entre la macedonia y el ceviche peruano: el aliño cítrico sube el sabor de las frutas, y el cilantro y el toque picante del chipotle les queda sorprendentemente bien.

PREPARACIÓN

Mezclar enérgicamente, con unas varillas o un tenedor los ingredientes del aliño hasta conseguir una salsa emulsionada.

Cortar las frutas en trozos grandes, una vez lavadas y peladas. Mezclarlas con el aliño y dejar macerar en la nevera al menos unos 30 minutos. Servir con trozos de coco joven y hojas de cilantro enteras.

PARA LA MACEDONIA
100 g de fresas
100 g de kiwi
200 g de piña
200 g de mango
75 g de uva roja
25 g de granada

PARA EL ALIÑO
120 ml de zumo de naranja
40 ml de zumo de limón
35 ml de sirope de agave
10 g de ketchup de chipotle
    (ver *Recetas básicas*)
Una puntita de jengibre
    fresco rallado
Una cucharadita
    de menta picada
Una cucharadita
    de cilantro picado

ADEMÁS
Coco joven
Hojas de cilantro

MOUSSELINA DE YOGUR DE SOJA, MELOCOTONES, NECTARINAS

*Para una tarta de 22 cm
(unas 12 raciones)*

Una tarta cremosa sin nata ideal para el verano que aprovecha el color, el sabor y la dulzura naturales de los melocotones. Usando las mismas proporciones, puedes prepararla con otras frutas como fresas, cerezas, albaricoques, plátano o mango.

PARA LA BASE
Mezclar en un bol la harina de trigo sarraceno, el bicarbonato, la levadura y el azúcar de coco.

Por otro lado batir ligeramente el yogur de soja, el zumo y la ralladura de limón y el aceite de girasol. Mezclar sólidos y líquidos hasta obtener una masa homogénea.

Cubrir un molde con papel de horno, verter la masa de la base y hornear a 180 °C durante 20 minutos.

Enfriar.

PARA LA MOUSSELINA
Pelar y trocear los melocotones, cocerlos con el sirope de agave a fuego medio en una cazuela durante unos 30 minutos. Enfriar, reservar un poco de la compota fría para cubrir la tarta y triturar el resto con el tofu, el yogur de soja y el aceite de coco.

Calentar la bebida de soja en un cazo con el agar–agar y hervir durante un par de minutos. Retirar del fuego y añadir, poco a poco y batiendo con unas varillas, la mezcla del paso anterior.

PARA EL MONTAJE
Verter la mousselina sobre la base y enfriar en la nevera un mínimo de 2 horas.

Cubrir con la compota reservada y decorar al gusto.

PARA LA BASE
100 g de yogur de soja
El zumo y la ralladura de ½ limón
    (solo la parte amarilla)
125 g de azúcar de coco
80 ml de aceite de girasol
160 g de harina de trigo sarraceno
4 g de bicarbonato
4 g de levadura química

PARA LA MOUSSELINA
1,3 kg de melocotones de viña
150 g de sirope de agave
500 g de tofu seda
200 g de yogur de soja
150 g de aceite de coco
150 ml de bebida vegetal de soja
10 g de alga agar-agar en polvo

PARA EL MONTAJE
Nectarinas, melocotones y/o
    frutas rojas al gusto

OTOÑO

PUNTARELLE, APIO, TOMATES CHERRY, PIÑONES, POLVO DE SEMILLAS

Para 4 personas

La achicoria *puntarelle* es muy típica en la zona de Roma, donde me enamoré de su punto amargo y ligeramente astringente hasta el punto de traer semillas para cultivarla aquí. Podéis sustituirla por escarola, endivia o cualquier otro tipo de achicoria.

PARA LA SALSA
Triturar el roquefort de tofu con la leche de coco.

PARA LA ENSALADA
Lavar la achicoria *puntarelle*, eliminar las hojas verdes, cortar los brotes en juliana. Lavar el apio y cortar en bastoncitos. Lavar los tomates cherrys y cortarlos por la mitad.

Triturar las semillas de lino, calabaza y girasol en un robot de cocina o molinillo de café.

MONTAJE
Repartir en una fuente la achicoria *puntarelle*, añadir el apio y los tomates cherry. Aliñar con la salsa de roquefort vegano, y decorar con los piñones y el polvo de semillas.

PARA LA SALSA
120 g de roquefort de tofu
    (ver *Recetas básicas*)
100 ml de leche de coco

PARA LA ENSALADA
Una achicoria *puntarelle*
Un tallo tierno de apio
200 g de tomates cherry
2 cucharadas de piñones
Una cucharada
    de semillas de lino
Una cucharada
    de pipas de girasol
Una cucharada de semillas
    de calabaza

CANÓNIGOS, COL LOMBARDA, REMOLACHA, MANZANA, TOFU AHUMADO, SALSA DE MANDARINA

Para 4 personas

Esta ensalada es estupenda para recibir la temporada de mandarina y descubrir que las frutas de otoño ofrecen muchas posibilidades culinarias –también en platos salados–, además de comerlas tal cual.

PARA LA REMOLACHA

Hervir las remolachas con piel (también se pueden comprar cocidas). Pelarlas, cortarlas y ponerlas en un bol.

Calentar el aceite en una cacerola, añadir el zumo de mandarinas, el zumo de limón, las semillas de hinojo, el tomillo y el romero, salpimentar, mezclar bien y retirar. Verter la salsa sobre la remolacha, mezclar bien y dejar enfriar.

PARA EL TOFU

Cortar el tofu a dados y macerar con salsa de soja unos minutos. Pasar por maicena y freír.

MONTAJE

Limpiar y descorazonar la manzana y cortar en dados. Mezclarla en un plato con la col lombarda, los canónigos, la remolacha y su aliño, la manzana, las mandarinas cortadas a lo vivo y los dados de tofu fritos.

PARA LAS REMOLACHAS
2 remolachas (unos 250 g)
El zumo de tres mandarinas
50 ml de aceite de oliva
Una cucharadita de
    zumo de limón
5 g de semillas de hinojo
Una ramita de tomillo
Una ramita de romero
Sal
Pimienta

PARA EL TOFU
120 g de tofu ahumado
3 cucharadas de salsa
    de soja o tamari
Maicena
Aceite para freír

PARA LA ENSALADA
150 g de canónigos
150 g de col lombarda fermentada
    (ver *Recetas básicas*)
Una manzana
2 mandarinas

KIMCHI *BOWL*, FIDEOS VERMICELLI, ASAZUKE DE PEPINO

Para 4 personas

Si te gustan los sabores asiáticos, la combinación que hay en este bol te sorprenderá. El pepino en asazuke también nos puede venir muy bien para preparar una ensalada ligera, acompañado de unas algas frescas.

PARA LA SALSA

Poner todos los ingredientes de la salsa –excepto el sésamo– en el vaso de la batidora o en un robot de cocina y triturar. Añadir las semillas de sésamo y rectificar con un poco de sal si hiciera falta.

PARA EL ASAZUKE DE PEPINO

Pelar y cortar en cuartos –a lo largo– los pepinos, trocear en zigzag.

Espolvorear con un poco de sal y dejar reposar 15 minutos sobre un escurridor para que pierdan agua.

Triturar el resto de ingredientes en una batidora o robot de cocina y mezclar con el pepino.

MONTAJE

Poner agua a calentar, cuando rompa a hervir, añadir los fideos vermicelli. Dejar unos 5 minutos y apagar. Escurrir bien y aliñar con un poco de salsa.

Montar cada bol con una cuarta parte del kimchi, el mezclum, los fideos, el asazuke de pepino, rábanos y sésamo, y aliñar con el resto de la salsa.

PARA LA SALSA
2 cucharadas
    de vinagre de arroz
3 cucharadas de salsa de soja
10 g de azúcar integral de caña
2 cucharadas de aceite
    de sésamo
2 cucharadas de aceite
    de girasol
Una pizca de sal
    (solo si es necesario)
3 cucharadas de mirin
15 g de jengibre pelado
    y rallado
Una cucharadita
    de sésamo negro
Una cucharadita
    de sésamo blanco

PARA EL ASAZUKE
DE PEPINO
2 pepinos
½ diente de ajo
20 g de salsa de soja
Una pizca de sal
Una pizca de cayena
Sésamo

ADEMÁS
200 g de fideos vermicelli
400 g de kimchi
    (ver *Recetas básicas*)
Mezclum
Rabanitos

CREMA DE MAÍZ, COCO JOVEN, GUISANTES CRUJIENTES

Para 4 personas

Los guisantes crujientes que sirven como *topping* a esta crema también puedes ponerlos en una ensalada o comerlos solos como aperitivo. Puedes hacer tu propia versión usando tu mezcla de especias favorita.

PARA LOS GUISANTES CRUJIENTES

Mezclar bien los guisantes crudos con el aliño Garam Masala, distribuirlos sobre una bandeja con papel de horno.

Hornear 45 minutos a 180 °C, removiendo cada 10 para que los guisantes se tuesten uniformemente.

PARA LA CREMA

Dorar en una olla con el aceite a fuego lento la cebolla y el puerro picados. Incorporar la rama de apio, las patatas troceadas, los granos de maíz y el caldo vegetal. Dejar hervir unos 30 minutos, hasta que las verduras estén tiernas.

Añadir el coco joven unos minutos antes de sacar la olla del fuego. Retirar la rama de apio y triturar hasta conseguir una crema fina. Pasarla por el colador chino y, si es necesario, rectificar el punto de sal.

Servir con cilantro picado al gusto, unas tiritas de coco joven y los guisantes crujientes.

PARA LOS GUISANTES
CRUJIENTES
100 de guisantes
30 g de aliño Garam Masala
    (ver *Recetas básicas*)

PARA LA CREMA
3 cucharadas de aceite
    de oliva
Una cebolla
Sal
Cilantro al gusto
Un puerro
½ rama de apio
2 patatas
500 g de granos de maíz
    (preferiblemente fresco)
150 g de coco joven fresco (un poco
    más para decorar)
1 ½ l de caldo vegetal
    (ver *Recetas básicas*) o agua
    con cubitos de caldo eco

CREMA DE CALABAZA, JENGIBRE, ALMENDRAS RAS EL HANUT

Para 4 personas

Un gesto tan sencillo como dorar las verduras durante unos minutos antes de hervirlas dará un sabor mucho más profundo a tus cremas. Cuidado con las almendras especiadas: es muy fácil que te las comas sin darte cuenta antes de que lleguen a la sopa.

PREPARACIÓN

Pochar la cebolla picada y el puerro cortado en rodajas finas en una olla con un poco de aceite de oliva, procurando que no se doren.

Añadir la calabaza y las zanahorias peladas y cortadas en trozos y dorar durante unos minutos. Hervir con el caldo de verduras unos 20 minutos más o hasta que las verduras estén tiernas.

Al final de la cocción añadir el jengibre pelado y troceado y la leche de coco. Triturar hasta conseguir un puré fino, pasar por el colador chino y servir caliente con las almendras deshidratadas encima.

3 cucharadas de aceite de oliva
Una cebolla pequeña
½ puerro (la parte blanca)
800 g de calabaza limpia
150 g de zanahorias
1 ½ l de caldo vegetal
    (ver *Recetas básicas*) o agua
    con dos cubitos de caldo bio
50 g de jengibre
150 ml de leche de coco
Sal
Almendras deshidratadas con
    Ras el Hanout
    (ver *Recetas básicas*)

CREMA DE ESPINACAS Y ANACARDOS, COMPOTA ESPECIADA

Para 4 personas

Las cremas y las sopas son preparaciones que nunca faltan en mi cocina: en esta usamos el anacardo para aportar cremosidad, y la compota de manzana especiada para buscar un contraste entre dulce y salado.

PARA LA CREMA
Dorar a fuego lento la cebolla y el puerro picados en una olla con un chorrito de aceite de oliva. Incorporar el caldo y la sal y hervir unos 15 minutos. Añadir los anacardos y las espinacas unos 5 minutos antes de finalizar la cocción y triturar hasta conseguir una crema fina.

PARA LA COMPOTA
Lavar, pelar y descorazonar las manzanas. Trocearlas y poner en una bandeja de horno junto con el azúcar, la piel de limón, la canela y el resto de especias. Cocer en el horno a 180 °C unos 15 minutos, retirar la canela y la piel de limón y aplastar con un tenedor.

MONTAJE
Servir la sopa con una bola de la compota especiada.

PARA LA CREMA
2 cucharadas
   de aceite de oliva
Una cebolla
Un puerro
250 g de espinacas
200 g de anacardos crudos
1 ½ l de caldo vegetal
   (ver *Recetas básicas*)
   o agua con cubitos
   de concentrado eco
Sal

PARA LA COMPOTA
DE MANZANA
4 manzanas
30 g de azúcar integral de caña
La piel de medio limón
   (solo la parte amarilla)
½ ramita de canela
Una cucharadita
   de especias variadas (clavo,
   cardamomo, semilla de cilantro)

FRITTATA DE PUERROS Y ALCACHOFAS, ESCABECHE DE SETAS

Para 4 personas

La *frittata* es una especie de tortilla al horno muy típica de Italia que a veces se utiliza como recurso de aprovechamiento para platos de pasta o legumbres. Aquí la acompañamos con un escabeche de setas, que mejorará aún más después de un día en la nevera.

PARA LA *FRITTATA*

Limpiar y cortar los puerros a rodajas finas. Lavar y pelar las alcachofas hasta llegar a la parte tierna. Si tienen pelusilla, quitársela y cortarlas en láminas finas.

Rehogar los puerros con aceite de oliva, las alcachofas y los ajos tiernos. Cocer a fuego bajo-medio tapado.

En un bol, batir los huevos con la leche de coco. Añadir el tomillo y las verduras rehogadas. Salpimentar. Untar una sartén que pueda ir al horno con aceite. Añadir el preparado de huevos con verduras y cocer a 180 °C unos 15 minutos.

PARA EL ESCABECHE DE SETAS

Limpiar las setas y saltearlas en una sartén con aceite de oliva junto a la cebolla cortada en juliana fina. Seguidamente, añadir las zanahorias a rodajas finas, los ajos tiernos troceados, las especias, los dientes de ajo enteros y con piel, el vinagre y el agua. Dejar reducir el escabeche a fuego medio unos 10 minutos.

Retirar, enfriar y, cuando esté a temperatura ambiente, pasar a la nevera y dejar reposar unas horas.

MONTAJE

Servir un trozo de *frittata* acompañado de setas en escabeche.

PARA LA *FRITTATA*
2 puerros
4 alcachofas
4 huevos
200 ml de leche de coco
4 ajos tiernos
Una cucharadita de hojas
    de tomillo fresco
Aceite de oliva
Sal
Pimienta

PARA EL ESCABECHE DE SETAS
150 g de *gírgolas*
250 g de champiñones
100 g de portobellos
200 g de cebolla
2 zanahorias
2 hojas de laurel
4 g de tomillo fresco
3 dientes de ajo
4 ajos tiernos
50 ml de aceite de oliva
50 ml de vinagre de manzana
Una cucharadita de pimentón
300 ml de agua

TWICE-BAKED BONIATO, ALIOLI DE CASTAÑAS

Para 4 personas

El alioli es una de las salsas más típicas de la cocina catalana, aunque últimamente se ha puesto de moda a nivel internacional. Esta versión con castaña es un homenaje al otoño en toda regla, ya que reúne a dos de sus principales protagonistas.

PARA LOS BONIATOS

Lavar bien los boniatos para quitarles toda la arena. Hornear unos 30 minutos a 180 °C, o hasta que estén blandos. Cuando estén lo suficientemente fríos como para manipularlos, hacer un corte en la parte superior de cada boniato y retirar una parte de la pulpa, que podemos usar para otras recetas (crema de verduras, los caramelos de boniato…).

Saltear en el aceite de oliva el puerro y el hinojo cortado en juliana fina. Seguidamente, añadir las trompetas de la muerte y los ajos picados y saltear un par de minutos más. Salpimentar, añadir la levadura nutricional y la salsa de soja.

Rellenar el boniato con el salteado de verduras y setas y cubrir con el alioli de castañas, los piñones y un poco de pan de molde sin gluten cortado en dados. Gratinar hasta que esté dorado.

PARA EL ALIOLI DE CASTAÑAS

Aplicar un corte a las castañas y cocer en el horno junto a los boniatos. Una vez frías, pelar y triturar con la bebida de soja, el diente de ajo y la sal. Añadir el aceite poco a poco hasta que monte.

4 boniatos
2 puerros (la parte blanca)
200 g de hinojo
200 g de trompetas de la muerte
3 dientes de ajo
2 cucharadas de levadura
    nutricional
2 cucharadas de salsa de soja
2 rebanadas de pan de molde sin
    gluten (ver *Recetas básicas*)
40 g de piñones
3 cucharadas de aceite de oliva
Sal
Pimienta

PARA EL ALIOLI DE
CASTAÑAS
6 castañas
100 ml de bebida de soja
    sin endulzar
100 ml de aceite
    de oliva suave
Un diente de ajo

ROLLITOS DE BERENJENA, CHAMPIÑONES, *RICOTTA* DE ANACARDOS

Para 12 rollitos

Posiblemente uno de los platos que más han salido de mi cocina, que continúa en plena forma y del que la gente no se cansa. Es lo que tienen los clásicos: no pasan nunca de moda.

PARA LAS BERENJENAS
Cortar las berenjenas en láminas a lo largo. Salpimentar, aliñar con aceite de oliva y cocer al horno a 180 °C unos 10-15 minutos.

PARA EL RELLENO
Picar la cebolla y sofreír con un chorrito de aceite de oliva. Cuando esté dorada añadir los champiñones también picados y, 5 minutos después, el pimiento rojo cortado fino. Sofreír todo durante 5 minutos más y salpimentar.

MONTAJE
Enrollar las tiras de berenjena con la mezcla de salsa de setas y pimiento y un poco de *ricotta* de anacardos. Poner un poco de salsa de tomate en la base de un plato, montar los rollitos encima y decorar cada rollito con una cucharadita de mayonesa, tomate seco y hojas de albahaca.

PARA LAS BERENJENAS
1 kg de berenjenas
Aceite de oliva
Sal
Pimienta

PARA EL RELLENO
Una cebolla
500 g de champiñones
300 g de pimiento rojo
Una pizca de sal
Una pizca de pimienta
Aceite de oliva
120 g de *ricotta* de anacardos
    (ver *Recetas básicas*)

PARA DECORAR
100 g de salsa de tomate casero
    (ver *Recetas básicas*)
4 medios tomates secos en aceite
60 g de mayonesa de soja
    (ver *Recetas básicas*)
Unas hojas de albahaca fresca

TRINXAT DE MUNTANYA, PATATAS, COL, GARBANZOS, *BACON* DE BERENJENAS

Para 6 personas

Un trampantojo que le aporta un punto más realista al *trinxat*, un plato contundente típico de la zona montañosa de los Pirineos. Si queréis hacerlo todavía más completo, podéis añadirle una *pilota* de soja y boletus.

PARA EL *BACON* DE BERENJENA
Lavar y cortar la berenjena en tiras de medio centímetro. Mezclar el resto de ingredientes en un bol y, con un pincel de cocina, pintar las berenjenas por ambos lados.

Ponerlas en una bandeja de horno con papel sulfurizado y hornearlas a 120 °C durante 30 minutos. Darles la vuelta y dejarlas 15 o 20 minutos más.

PARA EL *TRINXAT*
Lavar las patatas, pelarlas y cortarlas en dados. Limpiar la col, separar las hojas y cortarla en tiras. Hervir las verduras unos 25 minutos, escurrir y aplastar con un tenedor, junto con los garbanzos.

Cortar los ajos tiernos y las salchichas a daditos pequeños. Dorarlos en aceite a fuego lento y mezclar con el *trinxat* de col y patata.

Preparar el aceite de ajo triturando los ajos con el aceite de oliva, poner un poco en una sartén pequeña y, cuando coja temperatura, añadir el *trinxat* de col y patata. Dorar, darle la vuelta como si fuera una tortilla y servir con el *bacon* de berenjena.

800 g de patata Monalisa
600 g de col verde
200 g de garbanzos cocidos
2 salchichas de soja
4 ajos tiernos
Aceite de oliva

PARA EL ACEITE DE AJO
2 dientes de ajo
2 cucharadas de aceite de oliva

PARA EL *BACON*
DE BERENJENA
Una berenjena
40 ml de aceite de oliva
30 ml de salsa de soja
4 g de levadura nutricional
12 g de sirope de agave
4 g de pimentón
Una pizca de humo en polvo

SALTEADO DE LEGUMBRES, SETAS, SALSA DE TAHINI

Para 4 personas

Si tienes legumbres cocidas en la despensa y una sartén en la cocina, no te costará nada preparar un salteado como este en cuestión de minutos. Puedes hacer otras versiones con productos frescos de temporada.

PARA LA SALSA DE TAHINI
Poner todos los ingredientes en el vaso de la batidora y triturar hasta obtener una salsa homogénea.

PARA EL SALTEADO
Saltear las setas troceadas y la cebolla en juliana con aceite, sal y pimienta. Añadir las legumbres escurridas y saltear con las setas un par de minutos.

MONTAJE
Servir sobre una base de mezclum, aliñar por encima con la salsa de tahini. Decorar con los tomates cherry cortados por la mitad y espolvorear con un poco de sésamo.

PARA EL SALTEADO
400 g de garbanzos cocidos
200 g de judías rojas cocidas
200 g de judías blancas cocidas
200 g de setas variadas
    (champiñones,
    portobello, boletus)
½ cebolla roja
Aceite de oliva
Sal
Pimienta

PARA LA SALSA DE TAHINI
50 g de tahini
50 g de aceite de girasol
10 g de salsa de soja

MONTAJE
Mezclum
Tomates cherry
Sésamo

KANIWA *BOWL*, ESPINACAS, BERENJENAS, HUEVOS COMETA, SALSA DE TOMATE FRESCO Y SECO

Para 4 personas

La kaniwa es un pseudocereal andino sin gluten, de la misma familia de la quinoa. Es una buena fuente de hidratos de carbono complejos que puedes usar como base para salteados, ensaladas y en sopas. Búscalo en granerías y tiendas de alimentación saludable.

PREPARACIÓN

Lavar y hervir en agua salada la kaniwa durante unos 25 minutos.

Pelar y cortar las berenjenas a dados. Aliñarlas con aceite, sal y pimienta y cocer 20 minutos al vapor.

En una sartén dorar los ajos en aceite de oliva. Retirar los ajos y saltear los piñones; a continuación poner las pasas y las espinacas.

Para los huevos cometa o escalfados, llevar agua a ebullición en un cazo con un chorrito de vinagre y sal. Cascar los huevos con cuidado uno a uno y depositarlos en un recipiente. Cuando el agua empiece a hervir, moverla rápidamente en círculos para formar un remolino y echar los huevos (de uno en uno). Hervir 3 minutos, retirar con una espumadera y reservar.

MONTAJE

Montar en un bol la kaniwa, las espinacas y las berenjenas. Poner encima un huevo cometa, un poco de salsa de tomates, la rúcula y el tomate seco.

150 g de kaniwa
600 g de berenjenas
300 g de espinacas frescas
2 dientes de ajo
50 ml de aceite de oliva
40 g de pasas
25 g de piñones
4 huevos ecológicos
8 mitades de tomate seco
Un puñado de hojas de rúcula
300 g de salsa de tomates
    frescos y secos
    (ver *Recetas básicas*)
Sal
Pimienta

ARROZ *SOCARRAT* DE SETAS, SALICORNIA, TATAKI DE BERENJENAS GLASEADAS

Para 4 personas

¿Qué sería de la gastronomía mediterránea sin las míticas paellas de arroz? Y aunque para gustos, colores, debo confesar que mis preferidos son aquellos arroces elaborados con paellas de gran diámetro: con apenas un par de milímetros (1 capa de grano en la parte exterior y máximo 2 en la interior), para lograr el mítico *torraet* o *socarraet*.

A una gran paella de arroz le puedes poner de casi todo, aunque la combinación de ingredientes y el fumet va a marcar la diferencia. En esta receta, cocinamos uno de los fumets vegetales más intensos que conozco y, como ingredientes principales, apostamos por las trompetas de la muerte, la salicornia y una berenjena cortada como para un tataki, marinada con miso y horneada.

PARA LA BERENJENA
2 berenjenas
30 g de mirin
30 g de miso blanco
7 g de azúcar integral de caña
7 g de ajo negro

PARA EL FUMET
800 g de champiñones
200 g de setas shitake
200 g de pimiento verde
200 g de puerros
200 g de zanahorias
200 g de col
Los restos de troquelar la berenjena
200 g de cebolla confitada
50 g de tomate concentrado
100 g de vino tinto
100 g de coñac
160 g de apio
30 g de perejil
3 hojas de laurel
5 g de pimienta en grano
20 g de sal
3 hojas de alga nori
1 trozo de alga kombu
30 g de pulpa de ñora fresca
Aceite de oliva
4 l de agua

PARA LA CEBOLLA CONFITADA
2 kg de cebolla de Figueras
Aceite de oliva
Sal

PARA EL ARROZ
100 g de cebolla caramelizada
20 g de tomate concentrado
250 g de arroz bomba
1,8 l de fumet
15 hebras de azafrán
1 cucharada de ajo y perejil picados
10 hojas de salicornia
8 setas trompeta de la muerte

PARA LA BERENJENA
Pelar y cortar las berenjenas al estilo tataki. Triturar los ingredientes de la salsa y untar las berenjenas. Cocer 15 minutos en horno calentado a 200 °C.

PARA EL FUMET
Limpiar y cortar los champiñones y las setas shitake y ponerlos en remojo 30 minutos. Colar y colocarlas en una cazuela aparte con aceite y sal. Tapar y cocer a fuego vivo 10-15 minutos hasta que suelten su jugo. Colar y reservar el caldo de setas.

Limpiar y cortar los puerros, el pimiento, la zanahoria y la col. Ponerlos a pochar con aceite de oliva junto con las setas y los restos de troquelar las berenjenas a fuego medio-bajo. Una vez dorados, añadir la cebolla confitada, el tomate concentrado, el vino y el coñac (reducir a la mitad).

Agregar el agua y el caldo de las setas junto con el apio, el perejil, el laurel, la pimienta en grano y la sal. Hervir 30-40 minutos. Añadir el alga nori y la pulpa de ñora. Hervir 10 minutos más, apagar el fuego e introducir el alga kombu. Dejar reposar el caldo al menos durante 30-40 minutos. Colar por un chino presionando bien todas las verduras y setas.

PARA LA CEBOLLA CARAMELIZADA
Pelar y picar la cebolla y caramelizarla en una cazuela con aceite y sal a fuego muy lento 3 horas. Añadir unas gotas de agua si fuera necesario.

PARA EL ARROZ
En una paella de 45-50 cm, tostar ligeramente las hebras de azafrán y añadir el tomate concentrado, la cebolla caramelizada y el arroz. Rehogarlo unos minutos y añadir el fumet, hirviéndolo junto con la picada de ajo y perejil. Remover unos minutos y cocer a fuego vivo durante 5 minutos. Después bajar el fuego y continuar cociendo 7 minutos más. Una vez fuera del horno, colocar las berenjenas tataki en el centro de la paella y decorar con la salicornia y las trompetas de la muerte que previamente se han salteado.

RISOTTO INTEGRAL, ALCACHOFAS, SALSA DE ZANAHORIA A LAS FINAS HIERBAS

Para 4 personas

Con las zanahorias asadas y especiadas conseguimos darle una vuelta de tuerca a la base del risotto. Si te gusta el resultado, prueba la misma técnica usando espinacas, calabaza, rebozuelos o níscalos.

PARA LAS ZANAHORIAS

Pelar las zanahorias y hervirlas con agua salada durante 10 minutos.

Escurrir, colocar en una bandeja de horno y sazonar con el aliño Garam Masala para verduras al horno.

Asar en el horno a 180 °C durante unos 20 minutos: cuando estén cocidas, separar dos para decorar y triturar el resto con la base de risotto.

PARA EL RISOTTO

Pelar las alcachofas y cortar cuatro en lonchas finas y una en cuartos para decorar. Saltear en una sartén hasta que estén doradas.

Lavar el arroz y hervirlo con agua salada en una cazuela durante unos 35-40 minutos. Escurrir y devolver a la cazuela con el caldo base de risotto con zanahorias y las alcachofas. Dejar reducir unos minutos, rectificar de sal y pimienta. Añadir la leche de coco y el parmesano, reservando un poco para decorar.

MONTAJE

Emplatar el risotto y decorar con unas ramitas de tomillo, las zanahorias, las alcachofas y el parmesano reservados.

PARA EL RISOTTO
400 g de arroz integral
5 alcachofas
100 ml de leche de coco
80 g de parmesano
500 ml de caldo base de risotto
    (ver *Recetas básicas*)
2 cucharadas de aceite de oliva
Sal
Pimienta

PARA LA SALSA DE ZANAHORIA
8 zanahorias
2 o 3 cucharadas de aliño Garam Masala
    (ver *Recetas básicas*)

CANELONES DE PATÉ DE SETAS DE TEMPORADA Y TOFU SEDA, MOUSSE DE BERENJENA Y PIMIENTO ASADO

Para 4 personas

Este plato me acompaña desde que abrimos el Paradís y se ha convertido en un clásico muy celebrado gracias al toque diferente de la mousse de berenjena y pimiento asado.

PARA EL PATÉ DE SETAS
Saltear la cebolla picada en una sartén hasta que empiece a dorarse. Añadir las setas troceadas y el ajo picado. Saltear 5 minutos más.

Incorporar la salsa de soja, el tofu seda escurrido en trozos, las almendras picadas, la levadura, las hierbas y las especias. Triturar hasta obtener una masa con textura de paté.

PARA LA MOUSSE DE PIMIENTO Y BERENJENA
Asar la berenjena, el pimiento rojo y los dientes de ajo en el horno a 180 °C durante 30 minutos. Envolver en papel de cocina hasta que se enfríen. Pelar, limpiar y poner junto con el resto de los ingredientes en el vaso de la batidora o un robot de cocina. Triturar hasta obtener una textura de mousse.

PREPARACIÓN
Hervir la pasta durante unos 12 minutos en agua con sal (3 si es fresca). Escurrir y reservar en agua fría.

MONTAJE
Rellenar los canelones con el paté de setas y disponerlos en una fuente de horno. Cubrir con la mousse de pimientos y berenjenas, espolvorear con el parmesano de frutos secos y gratinar hasta que esté dorado.

PARA EL PATÉ DE SETAS DE TEMPORADA Y TOFU SEDA
Una cebolla pequeña
500 g de setas (níscalos, rebozuelos, boletus, llenegas, etc...)
3 cucharadas de aceite de oliva
2 dientes de ajo
200 g de tofu seda
2 cucharadas de salsa de soja
Una cucharada de levadura nutricional
20 g de almendras tostadas
Sal
Pimienta
Nuez moscada
Tomillo

PARA LA MOUSSE DE PIMIENTO Y BERENJENA
Una berenjena
Un pimiento rojo
2 dientes de ajo
2 pimientos del piquillo
250 ml de leche de coco
Sal

ADEMÁS
12 placas para canelones o 250 g de plancha de pasta fresca cortada para 8 canelones XXL (ver *Recetas básicas*)
Parmesano de frutos secos (ver *Recetas básicas*)

ESPAGUETIS INTEGRALES, AJO NEGRO, RÚCULA, ANACARDOS

Para 4 personas

Si el ajo crudo te parece demasiado fuerte o te sienta mal, deberías darle una oportunidad al ajo negro. Al estar fermentado se multiplican sus propiedades antioxidantes, repite mucho menos, su sabor es más suave –y con un toque a regaliz– y queda muy bien en platos de pasta y verdura como este.

PARA LA SALSA DE AJO NEGRO
Triturar los ajos negros con el aceite de oliva.

PARA LA PASTA
Asar los pimientos directamente sobre el fuego o en el horno a 180 °C durante 30 minutos. Cuando ya no quemen, pelarlos, lavar y cortar en tiras finas. Reservar.

Dorar en una sartén con el aceite de oliva los dientes de ajo laminados y las guindillas. Añadir la cebolla cortada en juliana, pochar unos minutos, añadir los pimientos y los tomates pelados, despepitados y en gajos finos. Salpimentar y reservar.

Hervir la pasta con agua y sal, 3 minutos si es fresca, o siguiendo las indicaciones del fabricante si la compramos seca. Escurrir.

Añadir a la sartén los espaguetis hervidos y la salsa de ajo negro. Servir con rúcula y decorar con anacardos.

PARA LOS ESPAGUETIS
400 g de espaguetis integrales
   secos (o 600 frescos)
2 pimientos rojos
Una cebolla roja
Sal
Rúcula
500 g de tomate maduro
80 g de anacardos
2 dientes de ajo
2 guindillas
50 ml de aceite de oliva

PARA LA SALSA DE AJO NEGRO
75 g de ajo negro
50 ml de aceite de oliva

CARROT CAKE, CREMA DE COCO, SALSA DE NARANJAS

Con este pastel triunfarás en cualquier merienda, desayuno o fiesta de cumpleaños: la masa jugosa y la crema de coco hacen una pareja perfecta, potenciada por la salsa cítrica. El bizcocho solo también está muy bueno.

PARA LA TARTA
Pelar y rallar las zanahorias y las manzanas y trocear groseramente las nueces. En un bol mezclar todos los productos secos: harina integral, azúcar integral de caña, bicarbonato, levadura, canela, nuez moscada y una pizca de sal. Añadir el zumo y la ralladura de limón, el yogur de soja, el aceite de girasol, la zanahoria, la manzana y las nueces.

Mezclar el conjunto con unas varillas hasta que esté todo bien integrado. Forrar un molde redondo con papel de horno, llenar con la masa y hornear unos 45 minutos a 170 °C o hasta que cuando introduces una brocheta esta sale limpia. Retirar del horno y dejar enfriar antes de desmoldar.

PARA LA CREMA DE COCO
Poner la leche de coco en un cazo con el agave y la maicena. Llevar a ebullición sin parar de remover. Una vez frío, introducirlo en una manga pastelera.

PARA LA SALSA DE NARANJAS
Diluir en un cazo la maicena con el zumo de naranja y el azúcar de caña o moscovado. Llevar a ebullición. Añadir al final la ralladura de naranja y el aceite de coco. Retirar del fuego.

MONTAJE
Cortar el pastel en tres partes, rellenar y cubrir con la crema de coco. Terminar con la salsa de naranjas.

PARA LA TARTA
400 g de zanahorias
100 g de manzanas
120 g de nueces
200 g de yogur de soja
El zumo y la ralladura (solo la
    parte amarilla) de un limón
250 g de azúcar integral de caña
160 g de aceite de girasol
320 g de harina integral
7 g de bicarbonato
7 g de levadura química
Una cucharadita de
    café de canela
Una pizca de nuez moscada
Una pizca de sal

PARA LA CREMA DE COCO
1 l de leche de coco
60 g de maicena
100 g de sirope de agave

PARA LA SALSA DE NARANJAS
250 ml de zumo de naranja
15 g de maicena
50 g de azúcar integral de caña
    o moscovado
La ralladura de la piel
    de ½ naranja
    (solo la parte naranja)
Una cucharadita de aceite de coco

PASTEL DE CASTAÑA,
PANELLETS DE PIÑONES

Para 12 personas

Esto no es una receta, sino varias: puedes hacer los panellets solos –son un postre tradicional de Todos los Santos– o servir la mousse en vasitos. También puedes dejarte llevar y preparar la tarta completa, tal cual te proponemos.

PARA LOS *PANELLETS* DE PIÑONES Y AZÚCAR DE COCO
Cocer el boniato al horno a 180 °C durante unos 30 minutos. Pelar y poner en un bol con el resto de ingredientes de los *panellets*, excepto los piñones. Mezclar bien con un tenedor, hacer bolitas y rebozar con los piñones. Cocerlos al horno a 200 °C unos 10 minutos, o hasta que estén dorados.

PARA LA BASE
Mezclar bien en un bol el trigo sarraceno, la harina de castañas, el cacao, la sal, la levadura y el azúcar. Añadir el agua y el aceite de girasol.

Cubrir la base de un molde de tarta con papel de horno, repartir la mezcla anterior y hornear 20 minutos a 175 °C. Dejar enfriar.

PARA LA MOUSSE DE CASTAÑAS
Hacer un corte a las castañas y cocerlas en el horno a 200 °C unos 25-30 minutos, dependiendo del tamaño que tengan. Enfriar, pelar y poner en el vaso de la batidora o un robot de cocina con 350 ml de la bebida de soja, el azúcar integral de caña y el tofu. Triturar y añadir al final el aceite de coco.

Diluir el agar-agar con los 250 ml de bebida de soja restante y hervir durante un par de minutos. Retirar del fuego y mezclar con el resto de ingredientes de la mousse. Cubrir la base con la mousse y dejar enfriar en la nevera.

PARA LA COBERTURA DE CHOCOLATE
Deshacer la manteca al baño maría y añadir el cacao, el sirope de agave y el aceite de girasol. Mezclar bien hasta que emulsione y dejar enfriar hasta que tenga una consistencia menos líquida.

MONTAJE
Napar la tarta con la cobertura de chocolate y acompañar con los *panellets*.

PARA UNOS 24 *PANELLETS*
200 g de harina de almendras
200 g de boniatos
La ralladura de un limón
   (solo la parte amarilla)
80 g de azúcar de coco
150 g de piñones

PARA LA BASE
75 g de trigo sarraceno
150 ml de agua
75 ml de aceite de girasol
150 g de harina de castañas
15 g de cacao en polvo
2 g de sal
4 g de levadura
165 g de azúcar integral de caña

PARA LA MOUSSE
DE CASTAÑAS
500 g de castañas frescas
350 ml + 250 ml de bebida de soja
150 g de azúcar integral de caña
500 g de tofu
150 ml de aceite de coco
5 g de agar-agar en polvo

PARA LA COBERTURA
DE CHOCOLATE
50 g de manteca de cacao
20 g de cacao puro en polvo
30 g de sirope de agave
30 ml de aceite de girasol

STRUDEL DE MANZANA, CREMA INGLESA

Para 8 personas

La manzana es una de las frutas que dan más juego en pastelería: su dulzura natural hace que prácticamente no sea necesario añadir azúcar, sobre todo cuando se cocina. Puedes servir también este strudel con una bola de helado de vainilla: seguro que no hay quejas.

PARA LA MASA

Triturar el tofu y mezclar con la harina integral y la margarina derretida.

Amasar hasta que quede suave y elástica.

Hacer una bola con la masa y dejar reposar, tapada, media hora en la nevera.

PARA LA CREMA

Reservar medio vaso de bebida de soja para diluir la maicena. Hervir el resto en un cazo a fuego suave durante unos 10 minutos con la canela y la piel de limón. Colar.

Devolver al mismo cazo y añadir el azúcar, la cúrcuma y la maicena, previamente diluida en la bebida reservada. Llevar a ebullición sin dejar de remover hasta que espese. Enfriar.

PARA EL RELLENO

Remojar las pasas en coñac para que se hidraten (unos 30 minutos).

Pelar, descorazonar y trocear las manzanas. En un bol, mezclar las manzanas troceadas junto con el resto de ingredientes y las pasas. Dejar macerar la mezcla durante el siguiente proceso.

Estirar la masa encima de dos papeles de horno. Rellenarla con la mezcla de manzanas y enrollarla con cuidado, de tal manera que las esquinas de izquierda y derecha queden bien selladas.

Cocer al horno a 180 °C unos 30 minutos. A media cocción pintar con un poco de aceite de coco. Dejar reposar unos 5 minutos antes de servir.

MONTAJE

Servir el strudel tibio con la crema.

PARA LA MASA
150 g de tofu fresco duro
150 g de margarina
   no hidrogenada
125 g de harina integral de trigo

PARA EL RELLENO
1 kg de manzanas
30 g de pasas de Corinto
2 cucharadas de coñac
100 g de azúcar
   integral de caña
½ vaina de vainilla
   (solo las semillas)
1 cucharadita
   de canela en polvo
Una pizca de clavo en polvo

PARA LA CREMA
½ l de bebida de soja
60 g de azúcar
   integral de caña
20 g de maicena
La piel de ½ limón
   (solo la parte amarilla)
Un palo de canela
Una pizca de cúrcuma

Otoño

INVIERNO

ESCAROLA, BOQUERÓN DE BERENJENA, SALSA ROMESCO

Para 4 personas

Un plato fresco y nutritivo cuyo sabor recuerda al del xató, una ensalada de invierno típica del Garraf y el Penedés. También puedes servir los boquerones de berenjena como aperitivo, acompañados de aceitunas y unas chips.

PARA EL BOQUERÓN DE BERENJENA
Asar la berenjena entera al horno a 180 °C durante unos 30 minutos. Pelarla y cortarla en filetes (a lo largo).

Mezclar en un bol el aceite con el vinagre, los ajos y el perejil picados y sal y pimienta al gusto. Colocar en una fuente la berenjena, cubrirla con la mezcla y marinar toda la noche en la nevera.

PARA EL TOFU AHUMADO
Cortar el tofu a dados y marinar unos minutos con salsa de soja.

Rebozar con maicena, freír en abundante aceite y secar con papel de cocina. Reservar.

MONTAJE
Limpiar y secar bien la escarola y disponerla en una bandeja. Distribuir por encima el tomate cortado a daditos, los boquerones de berenjena, las judías pintas y las aceitunas negras. Aliñar con la salsa romesco al gusto.

Nota. Los boquerones de berenjena se pueden conservar en este aliño, dentro del frigorífico, durante una semana.

PARA LA ENSALADA
½ escarola (o la parte más
    blanca de una escarola entera)
4 tomates maduros pequeños
120 g de judías pintas cocidas
Aceitunas negras
Romesco al gusto
    (ver *Recetas básicas*)

PARA EL TOFU AHUMADO
100 g de tofu ahumado
Salsa de soja
Maicena
Aceite de girasol

PARA EL BOQUERÓN
DE BERENJENA
Una berenjena
50 ml de aceite de oliva
5 ml de vinagre de manzana
2 dientes de ajo
Perejil
Sal
Pimienta

Invierno

COLESLAW, MAYONESA
DE JENGIBRE Y MISO

Para 4 personas

El miso y el jengibre juntos funcionan igual de bien que la col y la manzana, así que imagínate unir los cuatro ingredientes en una misma ensalada. Si quieres que sea un plato único, acompáñala con unas mazorcas doradas a la plancha.

PARA LA SALSA
Pelar y triturar el jengibre y mezclar bien con el resto de ingredientes.

PARA LA ENSALADA
Lavar y cortar la col blanca y la lombarda muy finas con una mandolina (o un cuchillo bien afilado y paciencia).

Pelar la zanahoria y la manzana, cortarlas en juliana y cortar los rábanos a lo largo bien finos.

Mezclarlo todo con la mayonesa de miso.

MONTAJE
Poner en la base de un plato el mezclum, añadir la ensalada de col aliñada y decorar con cebollino picado y sésamo.

PARA LA ENSALADA
100 g de col blanca
60 g de col lombarda
100 g de manzana Golden
60 g de zanahoria
50 g de rábanos
50 g de mezclum
    de hojas verdes
Cebollino picado
Sésamo

PARA LA SALSA
160 g de mayonesa de soja
    (ver *Recetas básicas*)
20 g de jengibre
20 g de miso
10 g de sirope de agave

KALE, GARBANZOS CRUJIENTES, PARMESANO, SALSA DE CHIPOTLE

Para 4 personas

El mejor truco para comer la kale cruda es usar un buen aliño con algún cítrico o un poco de vinagre, masajearla y macerar durante un rato hasta que pierda fuerza.

PARA LA SALSA CHIPOTLE
Triturar todos los ingredientes y añadir el aceite poco a poco para que emulsione.

PARA LOS GARBANZOS
Secar ligeramente los garbanzos con papel de cocina.

Untar los garbanzos con el aliño Garam Masala y poner en una bandeja de horno con papel sulfurizado. Cocer a 180 °C unos 30-40 minutos, removiendo de vez en cuando, hasta que estén crujientes.

MONTAJE
Sacarles el nervio central a las hojas de kale, trocear y poner en un bol. Añadir un poco del aliño de chipotle y masajear bien para que las fibras se rompan y tenga una textura más tierna.

Poner en la base de un plato el mezclum de hojas verdes y la kale macerada.

Aliñar con el resto de salsa chipotle y repartir por encima los tomates cherrys cortados por la mitad, los rabanitos cortados a lonchitas, el aguacate pelado y cortado en daditos, el queso parmesano y los garbanzos.

Nota. El chipotle es un tipo de chile muy utilizado en la cocina mexicana. Su aroma es muy picante y ligeramente ahumado: se pueden conseguir enlatados en adobo, seco o en polvo.

PARA LA ENSALADA
150 g de mezclum
250 g de hojas de kale
200 g de tomates cherry
4 rábanos
80 g de parmesano
2 aguacates

PARA LOS GARBANZOS
CRUJIENTES
200 g de garbanzos cocidos
2 cucharadas de aliño Garam Masala
    (ver *Recetas básicas*)

PARA LA SALSA
DE CHIPOTLE
25 ml de zumo de limón
25 ml de zumo de lima
100 ml de aceite de oliva
Una pizca de ajo en polvo
Una pizca de cebolla en polvo
Una pizca de pimienta
Una pizca de cayena
5 g de chipotle fresco
    o en adobo
25 g de sirope de agave
Sal

OLLA ARANESA,
PILOTA DE SOJA Y BOLETUS

Para 4 personas

Un plato casero y reconfortante, perfecto para calentar el cuerpo los días de invierno, con una *pilota* que se ha convertido en un clásico de la casa. Si no vas a servirla inmediatamente, saca la olla del fuego antes de que los fideos estén hechos: el calor residual será suficiente para cocerlos.

PREPARACIÓN

Saltear la cebolla picada en una olla con aceite de oliva. A continuación, añadir el puerro, la zanahoria, el apio, la col y el nabo cortados en pequeños trozos.

Tras cocer unos minutos a fuego medio, incorporar la patata troceada a tacos, el caldo y las especias.

Una vez cocidas las verduras añadir las judías blancas hervidas y los fideos. Hervir 2 minutos, añadir las *pilotas* y servir bien caliente.

Una cebolla
Un puerro
Una zanahoria
La parte blanca de una
    tira de apio
½ col verde
Un nabo
2 patatas
2 cucharadas
    de aceite de oliva
2½ l de caldo vegetal
4 pizcas de tomillo
Una pizca de azafrán
100 g de judías
    blancas hervidas
50 g de fideos n.º 1
4 *pilotas* de soja y boletus
    (ver *Recetas básicas*)

CREMA DE COLIFLOR, ALMENDRAS
Y JENGIBRE, SETAS AL AJILLO

Para 4 personas

Esta crema de coliflor es una buena solución para cualquier cena: si no tienes setas puedes ponerle picatostes, hacerla más completa con un huevo mollet o, si tienes mucha hambre, todo a la vez.

PARA LA CREMA

Picar la cebolla, cortar el puerro en rodajas finas y trocear la coliflor, retirando la parte más gruesa y fibrosa del tallo.

Pochar en una cazuela con aceite de oliva a fuego lento la cebolla y el puerro picados. Añadir la coliflor, la harina de almendras, el jengibre pelado y rallado y el caldo vegetal. Hervir unos 30 minutos o hasta que la verdura esté tierna.

Triturar con la batidora hasta conseguir una crema fina. Si es necesario, rectificar el punto de sal.

PARA EL SALTEADO DE SETAS

En una sartén con un chorrito de aceite de oliva, saltear durante un par de minutos las setas limpias –si son grandes, troceadas– con los dientes de ajo y el perejil picados.

MONTAJE

Servir la crema con las setas salteadas por encima.

PARA LA CREMA
Una coliflor pequeña
    (unos 600 g)
Una cebolla mediana
Un puerro
30 g de jengibre
150 g de harina
    de almendras
50 ml de aceite de oliva
1 ½ l de caldo vegetal
Sal

PARA LA GUARNICIÓN
200 g de setas variadas
    (trompeta amarilla,
    negrillas, shiitakes…)
2 dientes de ajo
Perejil
Aceite de oliva
Sal
Pimienta

CREMA DE AVENA, REMOLACHA, ENELDO, PISTACHOS

Para 4-5 personas

La avena es un cereal que se digiere muy fácilmente y aporta muchas vitaminas del grupo B. Aunque normalmente se relaciona con el desayuno, también sirve para preparar cremas con todo tipo de verduras.

PREPARACIÓN

Limpiar, pelar y cortar las verduras.

Pochar la cebolla con el aceite de oliva. Añadir los puerros, las zanahorias, la remolacha, el agua o caldo de verduras y la sal. Dejar hervir unos 20 minutos.

Añadir los copos de avena y cocer cinco minutos más. Retirar del fuego, añadir el miso y triturar.

Decorar con eneldo fresco picado y pistachos troceados.

25 ml de aceite de oliva
Una cebolla
½ puerro
150 g de zanahorias
300 g de remolacha fresca
1 ½ l de caldo de verduras
  (ver *Recetas básicas*)
  o agua con cubitos eco
80 g de copos de avena
50 g de miso
Una cucharada
  de eneldo fresco
Pistachos al gusto
Sal
Un poco de leche de coco para decorar

MEZZE DE INVIERNO: HUMMUS DE BONIATO, PATÉ DE ALCACHOFAS, *CRACKERS* DE KALE Y LINO

Para 4 personas

Una propuesta que une dos de nuestras recetas básicas más celebradas y las convierte en una cena informal. Vale la pena preparar un extra de hummus de boniato: se convertirá en un fijo en tus picoteos.

PARA EL HUMMUS DE BONIATO
Limpiar y cocer el boniato entero al horno durante 30 minutos a 180 °C.

Pelarlo y poner junto al resto de ingredientes en el vaso de la batidora o en un robot de cocina. Triturar hasta conseguir la textura deseada.

MONTAJE
Disponer los *crackers* caseros de lino y kale junto con el paté de boletus y alcachofas, los crudités y el humus de boniato en un plato o fuente de servir.

PARA EL HUMMUS
DE BONIATO
Un boniato
Un diente de ajo
2 tomates secos
    en aceite de oliva
25 g de tahini blanco
Una cucharada
    de zumo de limón
25 g de aceite de oliva
2 hojas de albahaca
Una rama de cilantro
Sal
Pimienta
Pimentón

CRUDITÉS
DE VERDURAS
Rábanos
Zanahoria
Pepino
Pimiento rojo
Remolacha
Otras (según gusto
    y temporada)

ADEMÁS
Crackers caseros de kale y lino
    (ver *Recetas básicas*)
Paté de boletus y alcachofas al toque
    de trufa (ver *Recetas básicas*)

COLIFLOR ASADA LACADA CON
AJO NEGRO, CREMA DE BRÓCOLI

Para 6 raciones

Si conoces a alguien que aún arrastra un trauma por culpa de una coliflor demasiado cocida, su versión asada y al punto hará que se reconcilie con ella inmediatamente. Me encanta el toque asiático e intenso del aliño, gracias a los fermentados y la mezcla de especias.

PARA LA COLIFLOR
Poner la noche anterior los anacardos en remojo. Lavar, escurrir bien y reservar. Triturar en un recipiente junto al resto de ingredientes del aliño. Cocinar la coliflor media hora al vapor, en una olla grande sobre un colador y sin llegar a tocar el agua. Tapar la olla para generar vapor.

Retirar y escurrir el exceso de agua durante unos minutos. Pintar la coliflor con el aliño y hornear a 180 °C durante más o menos media hora, dependiendo de su tamaño (se puede pinchar con un palillo para comprobar si tiene la consistencia justa).

PARA LA CREMA DE BRÓCOLI
Escaldar los ramilletes de brócoli. Escurrir, refrescar en agua helada y reservar.

Pochar la cebolla y el puerro troceados en una cazuela, con el aceite de oliva. Cuando estén transparentes, verter el vino blanco y dejar evaporar. Añadir la leche de coco y dejar reducir durante un par de minutos.

Añadir el brócoli reservado, retirar del fuego y triturar hasta conseguir la textura deseada. Salpimentar.

MONTAJE
Servir la coliflor decorada con cilantro, cañamones y granada, acompañada de la crema de brócoli.

35 g de anacardos
Una coliflor mediana

PARA EL ALIÑO
35 g de miso
35 ml de aceite de sésamo
30 ml de salsa de soja
12 g de sirope de agave
5 g de mostaza
Una pizca de comino
5 g de ajo negro
8 g de jengibre
Una cucharadita
    de zumo de limón
40 ml de leche de coco

PARA LA CREMA
DE BRÓCOLI
300 g de arbolitos
    de brócoli
½ cebolla
¼ de puerro
3 cucharadas
    de aceite de oliva
3 cucharadas
    de vino blanco
300 ml de leche
    de coco
Sal
Pimienta

PARA EMPLATAR
Cilantro
Cañamones
Granada

CROQUETAS VEGETALES DE BOLETUS

Para unas 20 unidades

¿Hay algo mejor que unas croquetas caseras? Sí, más croquetas caseras. Prepara el doble de masa y congela algunas en un recipiente bien cerrado para que se conserven en perfectas condiciones: este truco nos ha alegrado la cena muchos domingos.

PREPARACIÓN

Pelar y picar la cebolla y la zanahoria. Picar también el resto de las verduras y los boletus.

Sofreír la cebolla en una sartén con el aceite de oliva. Añadir el pimiento, la zanahoria y un poco más tarde los boletus. Sazonar con sal, pimienta y nuez moscada.

Cuando todo esté ligeramente dorado, agregar la harina de espelta. Remover durante un par de minutos hasta que se tueste y verter, poco a poco, la bebida de soja templada sin parar de remover hasta conseguir una masa bien ligada.

Atemperar la masa y después enfriarla en la nevera, hasta que esté densa y sea fácil formar las croquetas.

Mezclar la harina de garbanzos con un poco de agua hasta conseguir una textura parecida a la del huevo batido.

Formar las croquetas dándoles forma de seta. Pasarlas por la mezcla de harina de garbanzos y rebozar con el pan rallado.

Freír en abundante aceite caliente en tandas pequeñas para que no baje la temperatura. Escurrir sobre papel de cocina y servir inmediatamente.

½ cebolla
½ pimiento verde italiano
Una zanahoria
250 g de boletus edulis
    (hongos o *ceps*)
60 ml de aceite de oliva
90 g de harina de espelta
300 ml de bebida vegetal
    de soja sin endulzar
Sal
Pimienta
Nuez moscada

PARA REBOZAR
50 g de harina
    de garbanzos
200 ml de agua
Pan rallado
Aceite de oliva para freír

CROQUETAS DE ESPINACAS Y MIJO

Para unas 20 unidades

PREPARACIÓN

Lavar el mijo con abundante agua y poner en una olla con agua fría, un trocito de alga kombu y una cucharadita de salsa de soja. Dejar hervir, tapado, unos 20 minutos. Escurrir y reservar.

En una sartén, saltear los ajos picados con las espinacas con la mitad del aceite de oliva. Reservar. En la misma sartén saltear la cebolla, la zanahoria y los champiñones picados con la otra mitad de aceite de oliva.

Cuando esté todo bien dorado, añadir las espinacas, las especias, las almendras, el mijo y la harina de espelta. Mezclarlo todo bien e incorporar, poco a poco, la leche de soja templada hasta conseguir una masa compacta. Rectificar de sal y dejarlo enfriar en la nevera.

Mezclar la harina de garbanzos con el agua hasta conseguir una textura parecida al huevo batido, que servirá para rebozar.

Formar las croquetas, pasar por la mezcla de harina de garbanzos y rebozar con el pan rallado. Freír en abundante aceite bien caliente, escurrir sobre papel de cocina y servir.

50 g de mijo
Un trocito de alga kombu
Una cucharadita
    de salsa de soja
200 ml de leche de soja
    (sin endulzar)
Una cebolla pequeña
Una zanahoria
60 g de champiñones
250 g de espinacas
4 cucharadas
    de aceite de oliva
2 dientes de ajo
20 g de almendras
    tostadas picadas
50 g de harina
    de espelta
Jengibre en polvo
Nuez moscada
Comino
Sal
Pimienta

PARA REBOZAR
50 g de harina
    de garbanzos
200 ml de agua
Pan rallado
Aceite de oliva para freír

CROQUETAS DE ALCACHOFAS, PARMESANO DE FRUTOS SECOS Y *RICOTTA* DE ANACARDOS

Para unas 20 unidades

1 kg de alcachofas
    (300 g de corazones limpios)
2 dientes de ajo
75 g de harina de espelta
60 g de queso parmesano de
    frutos secos
    (ver *Recetas básicas*)
3 cucharadas de aceite de oliva
250 ml de bebida vegetal
    de almendras sin endulzar
    (ver *Recetas básicas*)
100 g de *ricotta* de anacardos
    (ver *Recetas básicas*)
Sal
Pimienta
Nuez moscada

PARA REBOZAR
50 g de harina
    de garbanzos
200 ml de agua
Pan rallado
Aceite de oliva para freír

PREPARACIÓN

Pelar las alcachofas, cortarlas a cuartos y ponerlas en un bol con agua y un manojo de perejil para que no se oscurezcan.

En una sartén a fuego medio, dorar los dientes de ajo picado con aceite de oliva, añadir las alcachofas, darles unas vueltas hasta que cojan algo de color y cubrirlas con agua. Salpimentar, tapar la sartén y esperar a que el agua se evapore. Atemperar y picar.

Devolver las alcachofas picadas a la sartén, añadir la harina de espelta y tostar durante unos minutos a fuego medio.

Agregar la bebida de almendras, sal, pimienta y nuez moscada y remover constantemente hasta que arranque a hervir. Retirar del fuego, agregar el parmesano de frutos secos y mezclar bien. Dejar enfriar y formar las croquetas, introduciendo un trocito de *ricotta* de anacardos en el centro de cada una.

Mezclar la harina de garbanzos con el agua hasta conseguir una textura parecida al huevo batido, que servirá para rebozar.

Formar las croquetas, pasar por la mezcla de harina de garbanzos y rebozar con el pan rallado. Freír en abundante aceite de oliva bien caliente, escurrir sobre papel de cocina y servir.

BOLITAS DE CALABAZA Y ROQUEFORT DE TOFU

Para unas 20 unidades

500 g de calabaza
500 g de patatas Kennebec
80 g de roquefort de tofu
    (ver *Recetas básicas*)
Sal
Pimienta

PARA REBOZAR
200 ml de agua
50 g de harina de garbanzos
Pan rallado o panko
15 g de sésamo negro
Aceite de oliva para freír

PREPARACIÓN

Pelar y cortar la calabaza en dados grandes. Cocer la calabaza y las patatas, enteras y sin pelar al horno a 180 °C durante unos 45 minutos.

Pelar la patata y aplastarla con un tenedor junto a la calabaza. Salpimentar y dejar enfriar. Formar las bolitas introduciendo un trozo de roquefort de tofu en el centro.

Mezclar la harina de garbanzos con el agua hasta conseguir una textura parecida al huevo batido, que servirá para rebozar.

Formar las croquetas, pasar por la mezcla de harina de garbanzos y rebozar con el pan rallado y el sésamo negro. Freír en abundante aceite de oliva bien caliente, escurrir sobre papel de cocina y servir.

DOSAS DE ARROZ INTEGRAL Y LENTEJAS FERMENTADAS, DÚO DE CHUTNEY

Para 4-5 raciones
(en una sartén de 32-34 cm)

Las dosas son uno de los platos más representativos de la cocina india, y me recuerdan especialmente a mis viajes por el sur del país, donde son una comida callejera habitual. El chutney sirve igual para un desayuno tardío en una tostada que para completar otros platos: en el Paradís lo servíamos con buñuelos y era un éxito.

PARA LA DOSA
200 g de arroz integral
50 g de lentejas dal rojas
3 g de fenogreco
350 ml de agua
    (más la del remojo)
5 g de sal
Aceite de oliva
    para untar la sartén

PARA LA DOSA
Poner el arroz, las lentejas y el fenogreco en remojo durante 8 horas. Escurrir bien y poner en una batidora o robot de cocina con los 350 ml de agua y la sal. Triturar hasta obtener una pasta homogénea.

Dejar fermentar 6 horas en un lugar oscuro y cálido, por ejemplo el horno apagado.

Cuando la masa esté lista, poner unas gotitas de aceite en una sartén grande antiadherente a fuego medio. Verter parte de la masa en el centro y, con el mismo cucharón, repartir hacia afuera en forma de espiral. Cocinar un minuto, dar la vuelta con una espátula y cocinar otro minuto más.

PARA EL CHUTNEY DE MANGO Y CALABAZA
50 g de cebolla
Un diente de ajo
2 cucharadas
    de aceite de girasol
25 g de jengibre fresco
100 g de tomate
200 g de mango
100 g de calabaza
25 ml de vinagre
    de manzana
30 g de azúcar de coco
2 clavos
Una pizca de canela
Una cucharadita
    de cardamomo
Sal

PARA EL CHUTNEY DE MANGO Y CALABAZA
Picar la cebolla en juliana, laminar el ajo y ponerlos en una olla a fuego medio con aceite de girasol.

Pelar y trocear la calabaza, el mango y el tomate, y añadirlos al sofrito junto al jengibre pelado y picado y el resto de los ingredientes. Dejar que se hagan unos 50 minutos a fuego medio.

PARA EL CHUTNEY DE PIÑA
100 g de cebolla
2 cucharadas
    de aceite de girasol
2 dientes de ajo
700 g de piña
20 g de azúcar de coco
65 ml de leche de coco
Sal
Pimienta
Cayena al gusto

PARA EL CHUTNEY DE PIÑA
Picar la cebolla en juliana, laminar el ajo y ponerlos en una olla a fuego medio con aceite de girasol.

Pelar la piña y cortarla en daditos y añadirlos al sofrito junto al resto de los ingredientes. Cocer a fuego medio unos 30 o 40 minutos, hasta que la piña esté blandita.

Nota. El fenogreco es una planta originaria de Asia, muy usada en la gastronomía de los países asiáticos. Nutricionalmente es muy interesante: estimula la liberación de bilis y reduce la absorción de colesterol y de la glucosa en el tracto gastrointestinal.

GARBANZOS ENCEBOLLADOS, TROMPETAS DE LA MUERTE, MUSELINA DE BRÓCOLI

Para 4 personas

La falta de tiempo no es una excusa para no preparar este plato, que puedes tener listo en apenas 10 minutos si usas garbanzos ya cocidos. Prueba con las setas que tengas más a mano o déjale todo el protagonismo a la cebolla: estará bueno de todas formas.

PARA LOS GARBANZOS
El día antes, poner los garbanzos en remojo con agua y sal.

Escurrirlos bien y llevar a ebullición en agua con sal, laurel y la cebolla, el puerro y la zanahoria enteros (alrededor de una hora dependiendo del tipo de garbanzo y la dureza del agua). Si tenéis que añadir agua, tendrá que ser caliente para no detener la cocción. Escurrir, separar las verduras y reservar.

PARA EL ENCEBOLLADO
Cortar las cebollas a láminas y pocharlas a fuego lento en una sartén con aceite. Poner las trompetas –si estaban deshidratadas, previamente remojadas en agua tibia– y cocer unos minutos más. Añadir la salsa de soja y los garbanzos y dejar cocer otros 10 minutos. Rectificar de sal.

PARA LA MUSELINA DE BRÓCOLI
Escaldar el brócoli en agua hirviendo durante 3 minutos. Escurrir y enfriar. Triturar con una batidora junto a la bebida de soja, el ajo y la sal, añadiendo el aceite lentamente hasta conseguir una emulsión de textura sedosa.

MONTAJE
Servir los garbanzos encebollados y acompañar con la muselina de brócoli.

PARA LOS GARBANZOS
400 g de garbanzos seco
    (u 800 de garbanzos
    cocidos)
Una cebolla
Un puerro
Una zanahoria
Laurel
Sal

PARA EL ENCEBOLLADO
3 cebollas
200 g de trompetas de la muerte
    (30 g si son deshidratadas)
30 ml de salsa de soja
60 ml de aceite de oliva
Sal

PARA LA MUSELINA
DE BRÓCOLI
100 g de brócoli
70 ml de bebida
    de soja sin endulzar
Un diente de ajo
200 ml de aceite
    de oliva suave
Sal

PLANT-BASED RIBS, SALSA BARBACOA, PATATAS PAVÉ

Para 4 personas

En mi centro de I+D de Lleida, ya hace varios años que desarrollamos varias tipologías de carnes veganas. Primero empezamos con el seitán, pero pronto fuimos evolucionando hacia nuevos productos como la mico-proteína y el jackfruit. Ahora, ha llegado el boom de las proteínas texturizadas y, en este plato, hemos querido mezclar nuestra «carne picada» de Flax & Kale con el jackfruit, dando lugar a una textura como la de la carne de cerdo. La salsa barbacoa y las patatas pavé son el acompañamiento perfecto para esta carne *plant-based* que seguro sorprenderá.

PARA LAS PATATAS PAVÉ

Calentar el horno a 180 °C. Verter la leche de coco en un recipiente. Pelar las patatas monalisa y cortarlas con una mandolina a rodajas finas. Mezclarlas con la leche de coco mientras las vamos cortando para que no se oxiden. Untar un molde tipo puding con margarina y colocar las patatas por capas, repartiendo el resto de la margarina, la sal, la pimienta, el tomillo y el romero. Tapar el molde con papel de horno y hornear a 180 °C durante 1 hora y 45 minutos. Al sacarlas del horno, ponerles un peso encima y dejar reposar 24 horas.

PARA LA SALSA BARBACOA

Triturar todos los ingredientes de la salsa y reservar.

PARA LAS RIBS

Deshilachar el jackfruit, mezclar con una parte del aceite de oliva y hornear a 180 °C durante 20-30 minutos, hasta que se tueste ligeramente. Pelar y picar los ajos y la cebolla y pocharlos con el resto de aceite de oliva. Añadir el jackfruit junto al resto de los ingredientes. Cocer durante 15 minutos y enfriar. Mezclar con la «carne picada» Flax & Kale y darle forma alargada, marcando las *ribs* con un cuchillo. Hornear durante 30 minutos a 180 °C, aliñar con la salsa barbacoa y hornear durante 10 minutos más.

MONTAJE

Cortar las patatas en formato de palitos gordos y freír en una sartén con aceite de oliva. Cortar las *ribs* y servirlas junto con las patatas pavé y salsa barbacoa.

PARA LAS PATATAS PAVÉ
2 kg de patata monalisa
½ l de leche de coco
4 g de tomillo
4 g de romero
15 g de sal
Una pizca de pimienta negra
50 g de margarina vegetal

PARA LA SALSA BARBACOA
250 g de kétchup
100 g de vinagre de manzana
2 g de pimienta
3 g de ajo en polvo
3 g de cebolla en polvo
60 g de azúcar moreno
30 g de salsa de soja
3 g de pimentón rojo ahumado
35 g de sirope de agave

PARA LAS RIBS
100 g de aceite de oliva
7 dientes de ajo
1 cebolla grande
1,5 g de comino en polvo
30 g de mostaza antigua
7 g de sal
Chile al gusto
600 g de jackfruit verde
40 g de sirope de agave
90 g de salsa de tomate
500 g de «carne picada» Flax & Kale

TORTETAS DE ESPELTA, HORTALIZAS, CHAMPIÑONES, EMMENTAL, GUACAMOLE

Para 6 tortetas

Una versión particular de la tortilla mexicana que se convirtió en un plato icónico de la cocina del Paradís. La conexión definitiva México-Lleida con el color de las hortalizas y el toque del queso fundido.

PARA EL AUTÉNTICO GUACAMOLE
Pelar y despepitar el tomate. Picar la cebolleta o cebolla roja, el jalapeño –o ½ pimiento verde–, el tomate y el cilantro.

Cortar los aguacates por la mitad y retirar la semilla. Sacar la pulpa con ayuda de una cuchara y aplastarlos con un tenedor.

Agregar la cebolla, el jalapeño, el tomate y el cilantro picado. Regar con el zumo de lima, salar, mezclar bien y reservar.

PARA EL RELLENO
Cortar la cebolla a juliana, y los pimientos y los champiñones en rodajas finas. Saltear ligeramente en un wok o sartén a fuego alto con aceite de oliva. Salpimentar.

PARA LAS *TORTETAS* DE ESPELTA
Poner en un bol la harina con la sal, añadir el aceite y el agua. Amasar con las manos hasta conseguir una mezcla uniforme. Dejar reposar unos 20 minutos.

Hacer seis bolas con la masa y darles forma de disco con un rodillo de madera en una superficie ligeramente enharinada.

Pasar la tortita por una plancha a fuego medio. Cuando cuaje, darle la vuelta y rellenar la mitad con la verdura y el queso. Plegar y cocer por los dos lados.

MONTAJE
Servir las *tortetas* rellenas calientes, acompañadas del guacamole.

PARA LAS TORTETAS
DE ESPELTA
60 ml de aceite de oliva
150 ml de agua
5 g de sal
300 g de harina de espelta

PARA EL RELLENO
Una cebolla roja
200 g de pimiento verde
200 g de pimiento rojo
500 g de champiñones
150 g de queso Emmental
Aceite de oliva
Sal
Pimienta

PARA EL AUTÉNTICO
GUACAMOLE
2 aguacates
½ cebolla roja o cebolleta
Un jalapeño (o ½ pimiento
    verde si no se quiere picante)
El zumo de una lima
Un tomate maduro
Sal
Hojas de cilantro

PASTEL DE POLENTA CON CURRY, PORTOBELLO, HUEVOS COMETA, CALABAZA, ESPINACAS

Para 6 personas

La polenta es una sémola de maíz muy utilizada en Italia, el sur de Francia o Suiza. Puedes usarla como acompañamiento en versión cremosa, o hacerla más densa y preparar ñoquis o plancharla para conseguir texturas crujientes.

PARA LA POLENTA
Trocear las setas portobello, reservando unas cuantas para decorar.

Saltear la cebolla picada en una sartén con aceite de oliva. Cuando esté dorada, añadir las setas, y unos minutos después el curry, la sal y la pimienta.

Llevar a ebullición el caldo vegetal en un cazo. Cuando hierva, añadir la polenta –en forma de lluvia– y el sofrito de setas. Hervir unos minutos hasta que la polenta se hidrate. Extender la polenta cocida en una bandeja de un par de dedos de alto y dejar enfriar. Una vez frío cortar en porciones.

En una plancha con aceite de oliva marcar las porciones y las setas portobello reservadas por ambos lados.

PARA LA SALSA DE CALABAZA
Pelar la calabaza, cortarla a dados, aliñar con aceite, sal, pimienta y pimentón. Hornear 30 minutos a 180 °C. Los últimos 10 minutos añadir los tomates de la guarnición cortados por la mitad.

Triturar la calabaza horneada con el caldo vegetal.

Saltear las espinacas con ajo picado y aceite de oliva.

Llenar un recipiente con agua y llevarlo al fuego. Cuando el agua empiece a hervir, moverla rápidamente en círculos para formar un remolino, cascar los huevos con cuidado y echarlos de uno en uno. Hervir 3 minutos, retirar con una espumadera y reservar.

MONTAJE
Poner en la base de un plato un poco de salsa de calabaza y encima el trozo de polenta. Coronar con el huevo y las espinacas, y acompañar con las setas y el tomate.

200 g de polenta
1 l de caldo vegetal
   (ver *Recetas básicas*)
150 g de cebolla
450 g de portobello
50 ml de aceite de oliva
5 g de curry en polvo
Sal
Pimienta

PARA LA SALSA
DE CALABAZA
200 g de calabaza
90 ml de caldo vegetal
   (ver *Recetas básicas*)
   o agua con cubitos eco
2 cucharadas
   de aceite de oliva
Pimentón
Pimienta
Sal

PARA LA GUARNICIÓN
200 g de espinacas
2 dientes de ajo
3 tomates maduros
6 huevos

FIDEUÁ CON ALIOLI DE MEMBRILLO

Para 4 personas

Si no tienes membrillos frescos disponibles, puedes preparar este alioli con manzana asada: ni la textura ni el sabor tendrán nada que envidiar.

PARA EL ALIOLI DE MEMBRILLO

Pelar, despepitar y cortar en trozos el membrillo. Hervirlo –sin azúcar– hasta que esté blando, escurrir y enfriar.

En el vaso de la batidora poner el diente de ajo, el membrillo hervido, una pizca de sal y triturar. Ir añadiendo poco a poco el aceite de oliva para que emulsione.

PARA LA FIDEUÁ

Un par de horas antes, hidratar las algas con los 300 ml de agua.

Picar bien la cebolla, el puerro, el pimiento y la zanahoria y trocear las setas. En una cazuela baja con aceite de oliva sofreír la cebolla y el puerro unos 5 minutos.

Añadir el pimiento, la zanahoria, las alcachofas limpias y cortadas a lo largo y las setas. Terminar de sofreír e incorporar la salsa de soja, el caldo de verduras, la sal, la pimienta, el laurel y las algas junto con su agua del remojo. Arrancar el hervor.

Dorar los fideos en una paella con un poco de aceite, el ajo y la guindilla. Cuando estén dorados, retirar el ajo y la guindilla. Verter la base de fideuá y añadir el coco joven. Hervir 5 minutos y terminar durante 10 minutos más en el horno calentado a 180 °C. Servir la fideuá con el alioli de membrillo.

400 g de fideos
    integrales finos
Un diente de ajo
Una guindilla o cayena
60 g de coco joven

BASE FIDEUÁ
½ cebolla
½ puerro
300 ml de agua
Un pimiento verde italiano
Una zanahoria
150 g de champiñones
70 g de gírgolas
2 alcachofas
700 ml de caldo vegetal
    (ver *Recetas básicas*)
6 g de alga hiziki
6 g de alga kombu
3 cucharadas
    de aceite de oliva
Una cucharada
    de salsa de soja
Sal
Pimienta
2 hojas de laurel

PARA EL ALIOLI
DE MEMBRILLO
Un membrillo pequeño
Un diente de ajo
100 ml de aceite de oliva
Sal

TAGLIATELLE INTEGRALES CON TOMATE, PIPAS DE CALABAZA, PESTO DE KALE

Para 4 personas

Puedes aplicar en esta receta un truco que le aportará color, sabor y valor nutritivo: añadir un poco de cúrcuma fresca o en polvo al agua de hervir la pasta.

PARA EL PESTO DE KALE

Triturar la kale con el parmesano, los piñones, las nueces, el ajo, la sal y el pimentón. Añadir el aceite poco a poco.

MONTAJE

Hervir la pasta en abundante agua con sal, removiéndola de vez en cuando hasta que esté al dente. Escurrir.

Cortar los tomates cherry por la mitad. Saltear ligeramente en una sartén con un poco de aceite y sal.

Mezclar los tagliatelle con el pesto de kale y los tomates. Decorar con pipas de calabaza y brotes o germinados al gusto.

400 g de tagliatelle integrales secos
    o 600 si son frescos
    (si se quiere, ver *Recetas*
    básicas de pasta fresca)
10 tomates cherry
Pipas de calabaza
Brotes o germinados
Aceite de oliva
Sal

PARA EL PESTO DE KALE
125 g de kale (2 o 3 hojas)
40 g de queso parmesano rallado
200 ml de aceite de oliva
Una pizca de pimentón
20 g de piñones
20 g de nueces
Un diente de ajo
Sal

BROWNIE, SOPA DE YOGUR Y CHOCOLATE
BLANCO SIN GLUTEN NI LÁCTEOS

*Para una plancha
de 12 raciones*

Estoy muy orgullosa de este brownie sin ingredientes de origen animal, que hará que los intolerantes a la lactosa no echen nada de menos la mantequilla. Como base, una sopa de chocolate blanco que puede servir para muchos otros postres.

PARA LA PLANCHA DE BROWNIE

Cortar a lo largo la vaina de vainilla y sacar las semillas raspando suavemente con un cuchillo. Mezclar todos los ingredientes secos e incorporar la bebida de soja, las semillas de vainilla y el aceite de girasol hasta conseguir una masa homogénea.

Extender la masa en una bandeja de horno –forrada con papel sulfurizado– de unos 21 × 34 cm. Hornear entre 50 y 60 minutos a 170 °C. Sacar del horno y dejar enfriar.

PARA LA SOPA DE YOGUR Y CHOCOLATE BLANCO

Fundir la manteca con el aceite de coco al baño maría. Triturar los anacardos crudos, y cuando tengan textura de harina, mezclar con el sirope de agave, la manteca y el aceite de coco fundidos.

Añadir el resto de ingredientes –yogur y bebida de soja, sirope de agave– y triturar hasta conseguir la textura de sopa. Si es necesario, añadir más bebida de soja.

MONTAJE

Servir un trozo de brownie sobre la sopa de yogur y chocolate blanco.

Decorar con frutas rojas.

300 ml de bebida de soja
Una vaina de vainilla
120 g de aceite de girasol
260 g de harina de trigo sarraceno
240 g de azúcar integral de caña
25 g de cacao en polvo
10 g de levadura en polvo
100 g de nueces
Una pizca de sal

PARA LA SOPA DE YOGUR
Y CHOCOLATE BLANCO
4 raciones
30 g de manteca de cacao
20 g de aceite de coco
12 g de sirope de agave
20 g de anacardos crudos
250 g de yogurt de soja
30 g de sirope de agave
60 ml de bebida de soja (o un poco
   más, si es necesario)

ADEMÁS
Frutas rojas para decorar

CARAMELOS DE BONIATO, HELADO DE TURRÓN Y BONIATO

Para 5 personas

La cremosidad y el sabor de este helado no dejan indiferente a nadie: guarda el que te sobre de esta preparación bien tapado –para evitar la formación de cristales– y úsalo en tus postres navideños.

PREPARACIÓN

Limpiar y cocer los boniatos enteros en el horno media hora a 180 °C, o un poco más si lo necesitan (hasta que estén blandos). Dejar enfriar.

Pelar 500 g de los boniatos –reservar el resto para el helado– y aplastarlos con un tenedor. Especiar con la canela, el cardamomo, la ralladura de limón y el sirope de agave.

Con una de hoja de la pasta filo para cada uno, formar paquetitos en forma de caramelo rellenos con el boniato especiado.

Pintar con aceite de coco y hornear a 180 °C unos 15 minutos, hasta que estén dorados.

PARA EL HELADO

Triturar en un procesador las almendras tostadas con el azúcar de coco y la piel de limón rallada, hasta conseguir la textura del turrón de Jijona.

Añadir la bebida de almendras, el boniato cocido, el zumo de limón y una pizca de canela. Emulsionar hasta obtener una pasta fina.

Poner en un molde y congelar, removiendo de vez en cuando para evitar que se formen cristales de hielo.

MONTAJE

Servir los paquetitos de boniato con una bola del helado.

PARA LOS BONIATOS
800 g de boniatos (unos 3 de tamaño mediano)
35 g de sirope de agave
Una pizca de canela en polvo
Una pizca de cardamomo en polvo
Una cucharadita de ralladura de limón
5 hojas de pasta filo
Aceite de coco

PARA EL HELADO
200 g de almendras tostadas
200 g de azúcar de coco
La piel y el zumo de un limón
Una pizca de canela
400 g de bebida de almendras
300 g de los boniatos cocidos en el horno

PROTEIN BALLS DE ALMENDRA, CACAO A LA NARANJA Y COMPOTA DE FRUTAS

Para unas 10 bolas

Un desayuno, merienda o picoteo ideal para deportistas, estudiantes y niños de todas las edades. La compota de frutas es un complemento que aporta frescura: aquí las acompañamos con el yogur de almendras que encontrarás en las recetas básicas, pero solas también están buenísimas.

PARA LA COMPOTA
Pelar la manzana y la pera, despepitar las uvas y poner en una cazuela al fuego con el resto de ingredientes. Cocer unos 20 minutos, triturar y enfriar. Con ayuda de moldes o cubiteras redondas, formar unas 10 bolas y congelar.

PARA LAS *PROTEIN BALLS*
Derretir la manteca de cacao al baño maría. Triturar los anacardos en una batidora, añadir los dátiles y el resto de ingredientes, excepto la manteca de cacao y el aceite de coco, que añadiremos al final.

Formar las bolas alrededor de la compota congelada, cerrar bien y rebozar con los cañamones.

45 g de manteca de cacao
35 g de sirope de agave
25 g de dátiles
150 g de anacardos
30 g de leche de coco
20 g de aceite de coco
75 g de harina de almendras
12 g de cacao
7 g de piel de naranja rallada
2 cucharadas de zumo de naranja
30 g de cañamones para rebozar

PARA LA COMPOTA DE PERAS,
MANZANAS Y UVAS
Una manzana
Una pera
100 g de uvas blancas
30 g de sirope de agave
La piel de ½ limón
    (evitar la parte blanca)
Una pizca de cardamomo
Una pizca de canela

RECETAS BÁSICAS

APERITIVOS

ALMENDRAS DESHIDRATADAS CON RAS EL HANOUT

Para un aperitivo (4 personas)
125 g de almendras marcona
    crudas y con piel
25 g de miso
10 g de sésamo blanco y negro
50 ml de aceite de oliva
75 ml de agua
20 ml de sirope de agave
5 ml de zumo de limón
50 ml de leche de coco
10 g de Ras el Hanout
    (mezcla de especias árabe)

Mezclar todos los ingredientes y aliñar las almendras hasta que queden bien impregnadas con la mezcla.

Deshidratar a 45 °C durante 16 horas con la deshidratadora, o en el horno abierto un par de centímetros a 60 °C durante 8-10 horas.

CRACKERS CASEROS DE KALE Y LINO

Para unos 24 crackers
100 g de harina integral de trigo
50 g de semillas de lino
100 ml de agua
70 g de cebolla
220 g de col kale
5 g de ajo en polvo
50 g de anacardos
30 g de pistachos
7 g de sal
Pimienta negra

Remojar las semillas de lino con el agua durante media hora y triturar.

Mientras, lavar y picar muy fina la kale y la cebolla. Picar en grueso los anacardos y pistachos.

Disponer la harina integral en un cuenco y mezclarla con el ajo en polvo, los pistachos y anacardos, la sal y la pimienta. Añadir la kale y la cebolla picadas, y la pasta de lino remojado. Remover bien el conjunto hasta que todos los ingredientes estén bien integrados.

Forrar una bandeja de horno con una hoja de papel vegetal. Distribuir 12 pequeñas cantidades del preparado anterior sobre el papel –tienen que quedar separadas entre sí– y tapar con otra hoja de papel vegetal. Con la ayuda de un aro de montaje, darles forma redonda.

Introducir en el horno a 120 °C y cocer durante una hora. Dar la vuelta al papel vegetal y cocer los crackers una hora más. También se pueden hacer en la deshidratadora durante 12 horas a 46 °C.

Nota. Guardar en una lata o tarro de cristal para que no se ablanden, y consumir lo antes posible.

CALDOS Y FONDOS

CALDO VEGETAL

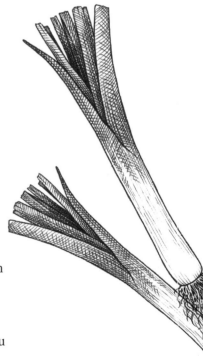

Para 3 ½ l de caldo
Una cebolla
2 puerros
Una ramita de apio
3 zanahorias
Un nabo
Una chirivía
2 patatas
Un pimiento verde
Un tomate maduro
2 o 3 hojas de col
2 o 3 setas shiitake
    deshidratadas
2 hojas de laurel
Unas hebras de azafrán
Una cucharada
    de aceite de oliva
Sal
Un trozo de alga kombu
4 l de agua

Rehogar en una olla grande la cebolla, el puerro y las zanahorias picadas en el aceite de oliva, manteniéndolo a fuego lento durante 5 minutos.

Añadir el resto de verduras –también picadas y,

en el caso de la patata, sin piel– y dejar unos minutos más a fuego suave, para que no se quemen.

Añadir el agua, el alga, los shiitake y las especias. Cocer a fuego lento durante una hora y media con la olla tapada. Este caldo se conserva en la nevera durante cuatro o cinco días, también se puede congelar.

Nota. Para conseguir un caldo de sabor más intenso se puede añadir una cucharada de miso a la olla. El caldo vegetal es básico para preparar muchos de los platos de este recetario: si no se tiene a mano, puede recurrirse a los cubitos de caldo vegetal concentrado que se encuentran en las tiendas de dietética.

FONDO OSCURO VEGETAL

Una zanahoria
Un pimiento verde
Un diente de ajo
Un tomate pequeño
2 cucharadas de aceite de oliva
Una cebolla
Un puerro
50 ml de vino tinto
20 ml de ratafía
    (o algún vino dulce)
600 ml de caldo vegetal
    (ver *Recetas básicas*)
    o agua
Sal
Pimienta
Tomillo
2 hojas de laurel

Limpiar las verduras y cortarlas en trozos grandes.

Ponerlas en una bandeja resistente al calor con el aceite de oliva y tostar en el horno a 200 °C durante unos 30 minutos.

Pasar las verduras a una olla con el caldo, las especias, el líquido resultante de desglasar la bandeja con el vino tinto, la ratafía –si se tiene– y dejar hervir unos 30 minutos.

Colar y reservar (en la nevera hasta cuatro o cinco días, o varios meses en un recipiente adecuado en el congelador).

BASE PARA *RISOTTO*

100 g de cebolla
200 g de puerro
100 g de zanahoria
100 g de pimiento verde
100 ml de vino blanco
1 l de caldo vegetal
    (ver *Recetas básicas*)
Aceite de oliva
Sal
Pimienta
Unas hebras de azafrán

Pelar y limpiar la cebolla y la zanahoria, y eliminar la capa externa del puerro y el tallo y las semillas del pimiento. Picar las verduras pequeñas y saltearlas en una cazuela con un poco de aceite de oliva.

Agregar el vino, dejar reducir unos minutos e incorporar el caldo vegetal, el azafrán, la sal y la pimienta. Hervir durante unos 20 minutos, pasar por la batidora y reservar.

ZUMOS Y BEBIDAS VEGETALES

PARADÍS
REMEMBER JUICE

Una manzana
Una remolacha
2 zanahorias
Unos 2 cm de raíz de jengibre
50 ml de zumo de naranja

Sacar el jugo de todos los ingredientes sólidos con un extractor de zumo *cold press* o en la licuadora. Añadir el zumo de naranja al final.

ZUMO VERDE
GREEN ROMANCE

300 g de piña pelada
125 g de espinacas

150 g de lechuga romana
30 g de cilantro
140 ml de zumo de naranja

Sacar el jugo de todos los ingredientes sólidos con un extractor de zumo *cold press* o en la licuadora. Añadir el zumo de naranja al final.

BEBIDA DE AVELLANAS TOSTADAS

Para aproximadamente ½ litro
50 g de avellanas tostadas peladas
50 g de avellanas crudas
½ l de agua
10 g de sirope de agave (opcional)

Poner en remojo la noche anterior las avellanas crudas. Desechar el agua, enjuagar y escurrir.

Poner en el vaso de la batidora o en un robot de cocina las avellanas remojadas, las tostadas, el agua y el sirope de agave (si se quiere). Triturar unos minutos hasta que quede bien licuado.

Con un colador o bolsa especial para bebidas vegetales, una estameña o un paño de algodón limpio filtrar bien la bebida, apretando para que salga todo el jugo. Conservar en la nevera y consumir en un máximo de dos o tres días.

Nota. Con la pulpa sobrante de los frutos secos se pueden hacer galletas, crackers o enriquecer una crema de verduras.

BEBIDA VEGETAL DE ALMENDRAS

Para aproximadamente ½ litro
½ l de agua
90 g de almendras crudas
    (pueden ser con piel)

La noche anterior poner en remojo las almendras.

Desechar el agua de remojo, enjuagar y escurrir las almendras. Ponerlas en el vaso de la batidora con los 500 ml de agua y triturar unos minutos hasta que

quede bien licuado. Con un colador o bolsa especial para bebidas vegetales, una estameña o un paño de algodón limpio filtrar bien la bebida, apretando para que salga todo el jugo. Conservar en la nevera y consumir en un máximo de dos o tres días.

QUESOS Y YOGURES VEGANOS

MATÓ VEGANO

250 g de tofu
    de firmeza media
12 g de zumo de limón
12 g de aceite de oliva
Una pizca de sal
Unas gotas de vainilla
10 g de azúcar integral de caña

Hervir el tofu 5 minutos y dejar enfriar sobre un escurridor.

Triturar todos los ingredientes junto con el tofu. Ponerlos en un recipiente o vaso –forrado con una estameña o film de cocina– y presionar con una cuchara para que el *mató* coja bien la forma. Dejar reposar en la nevera mínimo una hora y conservar en frío si no se va a consumir inmediatamente.

PARMESANO DE FRUTOS SECOS

100 g de almendras molidas
    o harina de almendras
20 g de piñones picados
15 g de levadura nutricional
½ cucharadita de ajo seco en polvo
Una pizca de orégano
Una pizca de jengibre en polvo
Una pizca de sal

Poner todos los ingredientes en un robot de cocina y triturar hasta conseguir una textura de polvo grueso.

Nota. Se puede usar para gratinar, acompañar platos de pasta o dar el toque final a una crema de verduras.

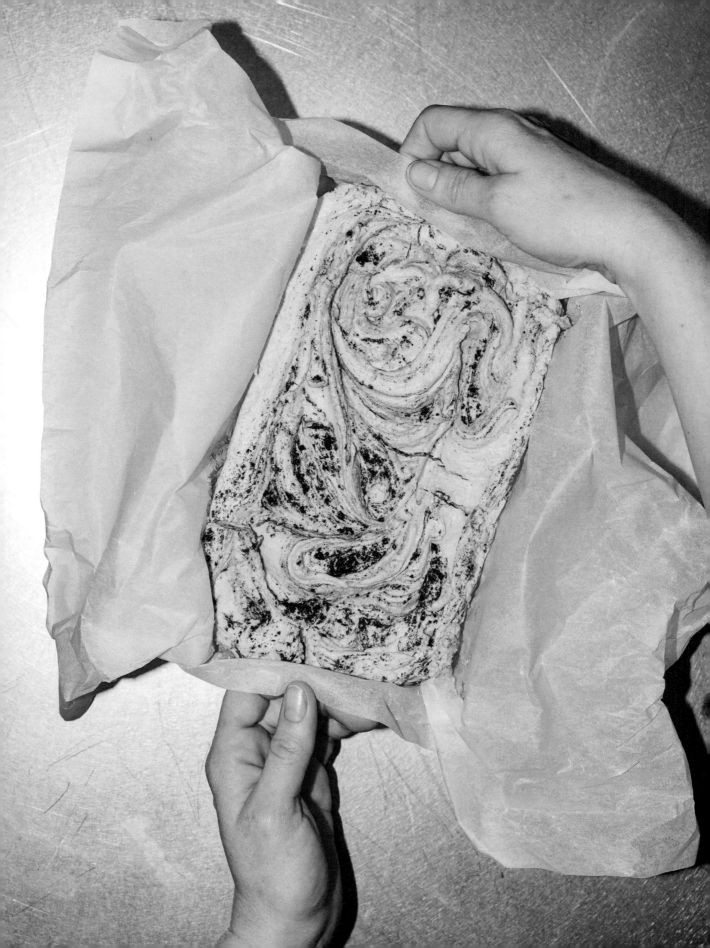

ROQUEFORT DE TOFU, MISO Y ALGA ESPIRULINA

400 g de tofu de dureza media
80 g de aceite de coco
200 g de miso blanco
20 g de vinagre de manzana
20 g de zumo de limón
8 g de levadura de cerveza
8 g de ajo en polvo
8 g de cebolla en polvo
Alga espirulina en polvo

Compactar el tofu –poniéndole peso plano encima– durante unos 30 minutos. Secarlo con papel de cocina.

Con un robot o batidora, triturar el tofu con el resto de ingredientes, menos la espirulina. Poner la mezcla en un recipiente untado con aceite, hacer unos agujeros y poner en ellos un poco de espirulina para conseguir un efecto parecido a las vetas azules del roquefort. Dejar reposar un mínimo de 8 horas y mantener en frío hasta el momento de consumo.

RICOTTA DE ANACARDOS

100 g de anacardos
50 ml de agua
Una cucharada de zumo
        de limón
Una cucharada
        de levadura de cerveza
Una pizca de sal

Poner en remojo los anacardos durante 3 horas. Enjuagar bien y escurrir.

Ponerlos en la batidora junto con el agua, el zumo de limón, la levadura y la sal. Triturar hasta conseguir una consistencia sin grumos (conservar en frío si no se va a consumir inmediatamente).

YOGUR DE ALMENDRAS

Para 1 kg de yogur
200 g de harina de almendra
800 ml de agua
4 g de agar-agar
1 sobre de probiótico para fermentar yogur
20 g de sirope de agave (opcional)

Triturar la harina de almendra con el agua en una batidora durante 3 minutos. Con la ayuda de un trapo limpio o una estameña, colar la bebida.

Poner en el fuego una tercera parte de la bebida junto con el agar-agar y llevar a ebullición un par de minutos. Agregar el resto de la bebida y los probióticos y mezclar bien con unas varillas. Es importante respetar el orden ya que los probióticos sufren muerte térmica superados los 63 °C.

Agregar el agave (solo si se quiere compensar un poco la acidez de la fermentación). Poner la preparación en un recipiente, tapar y fermentar toda la noche –unas 7 horas– preferiblemente a unos 45 °C de temperatura.

Cuando esté a temperatura ambiente, llevar a la nevera al menos 3 horas antes de consumirlo, para que espese.

Nota. Si no se tiene yogurtera, se puede fermentar el yogur poniendo el horno eléctrico al mínimo (50 °C) con la puerta un poco abierta durante las 2 primeras horas. Si se envuelve el recipiente en una toalla y se cierra el horno después de apagarlo, dejándolo unas horas más, el calor residual hará el resto.

FERMENTADOS

KIMCHI

LA COL
20 g de sal gorda
Una col china

LAS VERDURAS
200 g de zanahorias
½ manojo
        de cebollas chinas
4 rábanos
300 g de nabo Daikon

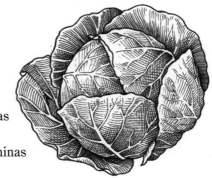

EL ENGRUDO

175 g de agua

20 g de harina de arroz glutinoso

25 g de azúcar integral de caña

80 g de cebolla

40 g de jengibre

80 g de miso

4 dientes de ajo

20 g de pimentón rojo coreano

40 g de salsa de soja

LA COL

Cortar longitudinalmente la col en 4 cuartos a lo largo, lavarla en agua fría y escurrirla bien.

Repartir la sal por encima y entre las hojas y dejar reposar 8 horas. Lavar para eliminar la sal, escurrir bien la col y cortar en trozos grandes.

LAS VERDURAS

Limpiar y pelar las zanahorias y el nabo Daikon y cortarlos en juliana, igual que los rábanos (estos sin pelar).

Limpiar y trocear las cebollas chinas al bies.

EL ENGRUDO

En un cazo poner el agua, la harina de arroz y el azúcar y mezclar enérgicamente. Llevar a ebullición durante un par de minutos, retirar del fuego y dejar enfriar.

Mientras, picar la cebolla, el jengibre y los ajos. Poner en un bol. Añadir el miso, el pimentón y la salsa de soja.

Mezclar y añadir el agua con harina de arroz y azúcar hasta conseguir una especie de engrudo.

EL KIMCHI

Mezclar bien, haciéndoles un masaje, las verduras y las coles cortadas a trozos con el engrudo (hay que usar guantes, el picante puede dañar la piel).

Llenar botes herméticos con la mezcla, dejando un espacio en la parte superior del bote para que pueda liberar los gases de la fermentación.

Dejar fermentar a temperatura ambiente de 3 a 5 días (dependiendo del calor que haga, es recomendable probarlo a partir del tercer día).

Cuando esté al gusto, guardar en la nevera para que siga fermentando más despacio.

COL LOMBARDA FERMENTADA

1 kg de col lombarda

30 g de azúcar integral de caña

15 g de sal del Himalaya

Limpiar y cortar la col lombarda muy fina.

Mezclar en un bol grande con el resto de ingredientes y trabajarla con las manos con fuerza, hasta que la col libere el jugo que servirá como salmuera.

Envasar en botes grandes y de cierre hermético. Dejar fermentar de 3 a 5 días a temperatura ambiente –en verano irá más deprisa, en invierno menos– en un lugar oscuro: cuando estén al gusto, pasar a la nevera para retrasar el proceso.

Nota. El tamaño del bote es importante: debe tener el espacio libre necesario para que puedan liberarse los gases de la fermentación.

CEREZAS LACTOFERMENTADAS

500 g de cerezas maduras

140 ml de zumo de limón

40 g de sirope de agave

230 ml de agua

20 g de jengibre fresco

La piel de una naranja
    (evitando la parte blanca)

½ rama de canela

6 vainas de cardamomo

1 estrella de anís estrellado

Triturar el zumo de limón con el jengibre pelado, el sirope de agave y el agua.

Limpiar las cerezas e introducirlas –en un bote de cristal, grande y de cierre hermético– junto al líquido preparado, la piel de naranja, la canela, el anís estrellado y el cardamomo.

Dejar fermentar de 3 a 5 días a temperatura ambiente –en verano irá más deprisa, en invierno menos– en un lugar oscuro: cuando estén al gusto, pasar a la nevera.

SALSAS Y ALIÑOS

MAYONESA DE SOJA

50 ml de bebida de soja
200 ml de aceite de oliva
Sal

Montar la mayonesa introduciendo primero la bebida de soja y la sal en el vaso de la batidora y añadiendo el aceite poco a poco. Consumir inmediatamente o conservar en un bote cerrado en la nevera.

Nota. Si se añade un poco de ajo tendremos un alioli o ajonesa veganos.

SALSA TOFUNESA

Para 250 ml de salsa
175 g de tofu
¼ de diente de ajo
40 ml de aceite de oliva
Una cucharada de vinagre de manzana
Una cucharadita de sirope de agave
10 g de miso blanco
5 g de mostaza antigua

Hervir el tofu unos minutos, escurrir y dejar enfriar. Triturar con el resto de ingredientes y, si no se va a usar en el momento, conservar en frío.

Nota. Se puede utilizar tofu sedoso si se busca una salsa más fina, o duro si se quiere más densa.

SALSA DE TOMATE CASERA

Una cebolla
1 kg de tomates maduros
2 pimientos verdes
2 dientes de ajo
Una cucharada de azúcar
    integral de caña
60 ml de aceite de oliva
Sal
Un manojo de perejil

Picar la cebolla, los ajos y los pimientos y sofreír en una sartén con aceite de oliva.

Añadir los tomates cortados a trozos, el perejil picado fino, la sal y el azúcar. Dejar que cueza a fuego lento unos 30 minutos. Cuando la salsa esté hecha, triturar con una batidora o robot de cocina.

Nota. Puede congelarse en raciones individuales para tenerla siempre a mano.

SALSA DE TOMATES FRESCOS Y SECOS

Un tomate grande,
    muy maduro
70 g de tomates secos
    en aceite de oliva
3 hojas de albahaca
Un diente de ajo
60 ml de agua
50 ml de aceite de oliva
10 g de piñones
Una ramita de orégano
3 g de sal

Pelar el tomate. Poner todos los ingredientes en el vaso de la batidora o en un robot de cocina y triturar hasta conseguir una mezcla homogénea.

SALSA ROMESCO

Un pimiento rojo pequeño
Un tomate maduro pequeño
½ cabeza de ajo
Una ñora (previamente remojada)
25 g de almendras tostadas
25 g de avellanas tostadas
2 cucharadas de vinagre de manzana
Una cucharadita de pimentón dulce
500 ml de aceite de oliva suave
Una rebanada de pan de molde
    sin gluten tostado
    (ver *Recetas básicas*)
Unas gotas de salsa de tabasco
Sal

Asar el pimiento, el tomate y los ajos directamente sobre la llama del fuego o en el horno a 180 °C durante media hora.

Pelarlos, lavarlos bien y ponerlos en el vaso de la batidora con la ñora, los frutos secos, el vinagre, el pan tostado, el pimentón, la sal y el tabasco.

Triturar con la batidora, añadiendo lentamente el aceite de oliva para que emulsione. Rectificar de sal y guardar en un bote en la nevera, siempre cubierto por el aceite.

PESTO DE ALBAHACA Y PEREJIL

30 g de albahaca fresca
20 g de perejil
35 g de piñones
35 g de nueces
50 g de parmesano
Un diente de ajo
300 ml de aceite de oliva

Poner en la batidora la albahaca, el perejil, los piñones, las nueces, el queso y el ajo. Triturar y añadir lentamente el aceite hasta conseguir una mezcla emulsionada.

Nota. El pesto admite muchísimas variaciones, se puede preparar con avellanas, anacardo o almendras, añadiendo tomate seco en aceite, col kale o remolacha o cambiando las aromáticas de base.

ALIÑO GARAM MASALA

Para unos 300 g
10 dientes de ajo
Una cucharadita de tomillo seco
Una cucharadita de albahaca seca
Una cucharadita de orégano seco
Una cucharada de perejil seco
5 g de jengibre en polvo
Una cucharada de mostaza antigua
5 g de pimienta negra
5 g de comino
Una cucharada de sal
Una guindilla o cayena
200 ml de aceite de oliva

Poner todos los ingredientes en el vaso de la batidora y triturar hasta obtener una salsa homogénea. Probar y ajustar la sal al gusto.

Nota. Dura semanas si se guarda en un recipiente tapado en la nevera. Se puede usar para aliñar verduras asadas y estofados o marinar tofu, tempeh o seitán para cocinar a la plancha o la barbacoa.

KÉTCHUP CASERO CON CHIPOTLE

Para unos 400 g
175 g de salsa de tomate casera
  (ver *Recetas básicas*)
80 ml de vinagre de arroz
10 g de maicena
50 ml de agua
Una pizca de cebolla en polvo
Una pizca de ajo en polvo
5 g de chipotle en conserva
25 g de azúcar
  integral de caña
40 ml de zumo concentrado
  de manzana
4 g de sal

Desleír la maicena en el agua.

Poner el resto de ingredientes en un cazo y llevar a ebullición durante un par de minutos. Añadir el agua con la maicena y triturar hasta conseguir una salsa fina.

BOLOÑESA DE PROTEÍNA DE SOJA

Una cebolla
Un pimiento verde
Un pimiento rojo
2 zanahorias
400 ml de salsa de tomate
  casera (ver *Recetas básicas*)
300 ml de caldo vegetal
  (ver *Recetas básicas*) o agua
  con cubito de concentrado eco
250 g de champiñones

100 g de soja texturizada
Un vaso de vino blanco
Pimentón
Tomillo
Albahaca
Aceite de oliva
Sal
Pimienta

Llevar el caldo a ebullición. Apagar el fuego y añadir la soja texturizada para hidratarla, esperando que absorba el líquido.

Pelar y picar muy fina la cebolla, el ajo y la zanahoria. Cortar los pimientos también muy finos.

En una sartén con un fondo de aceite de oliva, pochar la cebolla y el ajo a fuego medio. Cuando la cebolla esté transparente, añadir la zanahoria y el pimiento y cocinar todo junto.

Picar muy finos los champiñones y añadirlos a la sartén. Cocer un par de minutos, añadir el vaso de vino y dejar evaporar el alcohol.

Para terminar, añadir la soja hidratada, la salsa de tomate, las aromáticas y las especias y dejar cocer unos 10 minutos. Rectificar de sal, dejar enfriar y guardar en botes en la nevera o congelar.

BECHAMEL SIN LÁCTEOS

500 ml de bebida
    de soja sin endulzar
25 g de maicena
25 g de margarina no
    hidrogenada
Pimienta y nuez moscada
Sal

Poner en un cazo la margarina, la maicena, la bebida de soja, la sal, la pimienta y la nuez moscada y calentar a fuego medio hasta que espese, sin dejar de remover con un batidor o unas varillas.

MASAS

PAN DE MOLDE SIN GLUTEN

PARA EL PREFERMENTO
40 g de harina de arroz
40 g de agua
15 g de levadura fresca
Una cucharadita de café
    de azúcar integral de caña

PARA EL PAN DE MOLDE
El prefermento
290 g de harina de arroz
105 g de harina de arroz integral
105 g de fécula de patata
60 g de fécula de yuca
75 g de harina de garbanzos
75 g de harina de trigo sarraceno
30 g de Psyllium
25 g de sal
6 g de bicarbonato
Una cucharada de zumo de limón
90 g de aceite de oliva extra virgen
650 g de agua
Mezcla de semillas al gusto

PARA EL PREFERMENTO
Desleír la levadura en el agua y mezclar con el resto de ingredientes hasta que no queden grumos.

Tapar con un paño húmedo y dejar fermentar a temperatura ambiente unos 45 minutos (cerca de una fuente de calor el proceso será más rápido).

PARA EL PAN DE MOLDE
Mezclar por un lado todos los ingredientes secos y por otro los líquidos. Agregar a la mezcla de harinas los líquidos mezclados y el prefermento. Mezclar enérgicamente hasta conseguir una masa libre de grumos.

Cuando tengamos una masa lisa, formar una bola bien prieta. Colocarla dentro de un recipiente, tapar con un paño húmedo y dejar fermentar hasta que doble su tamaño.

Cuando la masa haya doblado su tamaño, amasar de nuevo con energía para desgasificarla (esto nos proporcionará una miga más homogénea).

Untar un molde de pan o *plum cake* grande con aceite. Poner la masa dentro, dándole forma con las manos húmedas para que adopte la forma del molde.

Preparar una mezcla de semillas y frutos secos al gusto (pipas de girasol o calabaza, lino, chía, sésamo...).

Mojar con un espray la superficie de la masa, cubrir la superficie con la mezcla de semillas y apretar ligeramente con las manos para que las semillas se adhieran bien y no se caigan cuando el pan esté cocido.

Dejar fermentar de nuevo la masa, entre 60 y 90 minutos, mientras con el espray se va remojando la masa para que no se seque.

Calentar el horno a 240 °C, introducir dentro de él un recipiente metálico con agua para crear vapor, retardar la formación de la corteza y conseguir una cocción más homogénea.

Introducir el pan en el horno y bajar la temperatura a 180 °C. Cocer durante unos 40 minutos (o un poco más, hasta que la superfície se vea dorada y apetitosa).

Nota. Si se busca un pan de molde de corteza dura, quitar el recipiente con agua a media cocción (volviendo a cerrar el horno rápidamente).

PANECILLO DE HAMBURGUESA CON CARBÓN ACTIVO

Para unos 9 panecillos
250 g de harina
     de trigo integral
250 g de harina de espelta
10 g de levadura
100 g agua
225 g leche de coco
5 g de lecitina de soja
17 g de margarina no hidrogenada
25 g de azúcar integral de caña
10 g de sal
5 g de carbón activo
Semillas de sésamo blanco

Deshacer la levadura en el agua. Añadir la leche de coco y el resto de ingredientes. Amasar enérgicamente hasta conseguir una masa sin grumos.

Formar una bola, ponerla dentro de un recipiente y tapar con un trapo húmedo. Dejar fermentar hasta que doble su volumen.

Volver a trabajar la masa para desgasificarla y formar bolas de unos 100 g.

Dar forma a los panecillos, añadir por encima una pizca de sésamo blanco y dejar fermentar de nuevo hasta que doblen su tamaño sobre la misma bandeja de horno en la que los coceremos. Humedecer los panecillos con ayuda de un espray para que la masa no haga costra.

Calentar el horno a 200 °C e introducir dentro de él un recipiente metálico con agua para crear vapor, retardar la formación de la corteza y conseguir una cocción más homogénea.

Bajar el horno a 180 °C y cocer los panecillos entre 15 y 20 minutos (mirarlos a los 15 minutos y ajustar la cocción, que variará ligeramente según el horno). Dejar enfriar sobre una rejilla al menos 30 minutos antes de comer.

MASA BASE DE PASTA FRESCA

Para 500 g
200 g de sémola de trigo de grano
     duro (y algo más para conservar
     la pasta ya cortada)
100 g de harina integral
     (y algo más para espolvorear la base)
180 ml de agua mineral fría

Poner en un cuenco la sémola y la harina. Añadir el agua y mezclar con un tenedor hasta formar una masa. Llevar a una superficie lisa enharinada y amasar durante unos 10 o 15 minutos, hasta que se vuelva lisa y elástica. Envolver en film transparente y dejar reposar unos 45 minutos en un lugar fresco.

Extender la masa con un rodillo o máquina de hacer pasta, hasta que tenga un grosor de 1 o 2 mm. En este momento se puede cortar a cuchillo o utilizar diferentes accesorios para conseguir tallarines, pappardelle, raviolis, láminas de lasaña. Una vez cortada se deja reposar en una bandeja con abundante sémola o harina (para evitar que se pegue entre sí) o se puede colgar y dejar secar.

Nota. La cantidad de agua puede variar, dependiendo de la temperatura y de la calidad de la ha-

rina. Si vemos que la masa está muy pegajosa se puede aumentar un poco la cantidad de sémola/harina; si por el contrario resulta muy seca, se puede añadir un poco de agua.

Nota 2. Para elaborar una placa de lasaña o dos canelones XXL necesitaremos aproximadamente 40 gramos por persona de plancha de masa de pasta fresca.

PROTEÍNA VEGETAL

PILOTA DE SOJA Y BOLETUS

Para 7 pilotas
60 g de soja texturizada
200 ml de caldo vegetal
   (ver *Rectas básicas*)
100 g de cebolla
50 g de zanahoria
80 g de boletus
30 ml de bebida vegetal de soja
50 g de pan rallado
Harina para rebozar
Un diente de ajo
Perejil picado al gusto
45 ml de aceite de oliva
Sal
Pimienta

Saltear la cebolla pelada y picada con el aceite de oliva en un cazo. Añadir la zanahoria y los boletus también picados y dar vueltas durante un par de minutos más, hasta que se doren.

Añadir la soja texturizada –previamente hidratada con el caldo caliente– y dejar unos minutos más para que se mezclen bien todos los sabores. Rectificar de sal y pimienta.

Retirar del fuego; agregar la bebida de soja, el pan rallado y el ajo y perejil picado. Remover hasta conseguir una mezcla integrada y dejar enfriar.

Formar 4 pelotas presionando fuertemente con las manos. Rebozarlas con harina y freír en abundante aceite de oliva.

Escurrirlas sobre papel de cocina absorbente y

añadirlas a la olla de la escudella justo en el momento de servirla.

Nota. El quorn es una micoproteína de origen vegetal de alta calidad que se obtiene a partir de un hongo llamado *fusarium venenatium*. Si consigues encontrarlos en una tienda especializada, puedes usar 250 g de quorn triturado en lugar de la proteína de soja y el caldo: su sabor y textura te sorprenderán.

PATÉ DE BOLETUS Y ALCACHOFAS TOQUE DE TRUFA

Para 500 g
Una cebolla
2 cucharadas de aceite de oliva
2 alcachofas
300 g de boletus
Un diente de ajo
100 ml de ratafía (o vino dulce)
150 g de nueces
20 g de aceite de trufa
10 g de trufa fresca
10 g de sal
1 g de pimienta
17 g de alga agar-agar en polvo
200 ml de agua
Mezcla de cinco pimientas
   de colores para rebozar

Saltear la cebolla con aceite de oliva. Cuando esté dorada, añadir las alcachofas limpias y troceadas pequeñas y seguir dorando a fuego lento. Añadir los boletus y el diente de ajo picado. Una vez sofrito, incorporar la ratafía o el vino dulce y dejar evaporar.

Mezclar en otro cazo el agua y las algas, y llevarlo a ebullición durante 2 minutos. Colocar las verduras, el agua con agar-agar, las nueces, el aceite de trufa, la sal y la pimienta en un vaso de batidora o robot de cocina. Emulsionar hasta conseguir la textura deseada.

Picar una trufa a cuchillo, mezclarla con la pasta anterior y con ayuda de papel film, formar un rollo, dejar enfriar y posteriormente rebozar con la mezcla de cinco pimientas.

Papel certificado por el Forest Stewardship Council®

Primera edición: noviembre de 2021

© 2018, 2021, Teresa Carles Borràs

© 2018, Adriana Gastélum, por las fotografías de las recetas
© 2018, Adrià Cañameras, por las fotografías del reportaje
© 2018, Nacho Alegre, por las fotografías de básicos
© 2018, Celeste Ciafarone, por las ilustraciones
© de la marca Teresa Carles Holding, SL. Marca registrada
© 2018, Penguin Random House Grupo Editorial, S. A. U.
Travessera de Gràcia, 47-49. 08021 Barcelona

EDICIÓN Y TEXTOS
Mónica Escudero

DIRECCIÓN CREATIVA,
DIRECCIÓN DE ARTE Y DISEÑO DE LOS INTERIORES Y DE LA CUBIERTA
Apartamento Studios

Printed in Spain – Impreso en España
ISBN: 9978-84-18620-24-9
Depósito legal: B-15.084-2021

Impreso en Gráficas 94, S. L.
Sant Quirze del Vallès (Barcelona)

VE 2 0 2 4 9